向下兼容

如何轻松影响他人

[英] 马克·安德森（Mark Anderson）◎著 　　　谭怡琦◎译

THE

LEADERSHIP

BOOK

民主与建设出版社

·北京·

© 民主与建设出版社，2021

图书在版编目（CIP）数据

向下兼容 /（英）马克·安德森著；谭怡琦译 . --
北京：民主与建设出版社，2021.5
书名原文：THE LEADERSHIP BOOK
ISBN 978-7-5139-3413-8

Ⅰ . ①向… Ⅱ . ①马… ②谭… Ⅲ . ①团队管理
Ⅳ . ① C936

中国版本图书馆 CIP 数据核字 (2021) 第 040126 号

著作权合同登记号 图字：01-2021-1564

向下兼容
XIANGXIA JIANRONG

著　　者	（英）马克·安德森	
译　　者	谭怡琦	
责任编辑	程　旭	
封面设计	水玉银文化	
出版发行	民主与建设出版社有限责任公司	
电　　话	（010）59417747　59419778	
社　　址	北京市海淀区西三环中路 10 号望海楼 E 座 7 层	
邮　　编	100142	
印　　刷	唐山富达印务有限公司	
版　　次	2021 年 5 月第 1 版	
印　　次	2021 年 5 月第 1 次印刷	
开　　本	880 毫米 ×1230 毫米　1/32	
印　　张	10	
字　　数	200 千字	
书　　号	ISBN 978-7-5139-3413-8	
定　　价	68.00 元	

注：如有印、装质量问题，请与出版社联系。

第一版的简介

◎ 目的

20世纪80年代，我第一次接触到商业领导力。当时的我对工作、出版和经营均一无所知。尽管那时的人们不断嘲笑与"管理"有关的一切，我的直属经理却成了我的榜样和灵感来源。对我而言，他代表着某种特殊的东西。后来，当我在阿什里奇大学攻读工商管理硕士时，我开始意识到，那位领导让我欣赏的东西，正是所谓的"向下兼容型领导力"。

MBA毕业后，我开始经营一家视频培训公司，但做得非常糟糕。我以为，我在管理课程中学习到的所有理论都会被思想开放、学习意愿度高的员工（大部分是年轻人）接受。我并没有意识到，作为一个几乎没有任何经验的年轻人，我对他们毫无吸引力，更无法成为令人信服的榜样。这给了我一个教训，或许也是无法在MBA课程中学到的一个教训——商业成功完全取决于人，没有任何课程可以替代经验。

我的直属经理是一个天生的领导者，但我的经验告诉我，有效的领导技能是可以获得、培养和发展的。强调过程和管理的组织结构会抑制领导本能，而领导者的成功往往反映在日常的商业行为中。

　　这就是这本书的出处。"领导力"显然是一个被写到烂的话题，但它往往令人难以捉摸。令我印象深刻的是，目前关于领导力的书籍，要么是从理论的角度分析领导力，试图找出一个决定领导力的抽象统一的主题，要么是从某位著名的首席执行官的角度去分析，将其个人（通常被称为"魅力"）的成功视为领导行为的典范。虽然这些截然不同的方法都行之有效，但它们往往回避了一个最严酷的现实，即领导者每日都面临艰难和动荡的环境，根本没有时间留给理论，领导者的体验与理论大相径庭，而体验往往太真实了。无论我们多么渴望成为杰克·韦尔奇或艾伦·休格，但现实是大多数领导人都不是大型跨国公司的CEO，我们没有名人形象却必须要在这种情况下取得成功。

　　在一个日益动荡的商业环境中，从来没有比现在更需要能够让组织出色表现的领导者。在这种情况下，领导力本身并不是目的，而是专注于优化组织的主要差异——人力资本。现在对领导能力的要求也很复杂，没有固定的模式。全球持续波动，这就要求领导者反应灵敏，且具有国际视野。

　　也许，任何团队的领导者都会面临这样一个最大的挑战：必须面对计划的不确定性。要在计划的不确定性中保持持续的领导力，不仅需要坚定的目标，而且需要关注细节。要理解有效的领导不在于华丽的姿态，而在于通过组织的日常，与人进行不懈的接触。有效的领导既体现在战略上，也体现在细节上，而《向下兼容》一书试图展示如何做到这一点。

《向下兼容》不是关于管理的规则，而是关于如何最大限度地提高绩效的方法。它通过尊重人们的内在和独特的价值来提高绩效，领导者们需认识到这一方法，并且在广泛的实践中不断运用它。

第二版的简介

有何不同?

我对《向下兼容》第一版的成功感到惊喜,在这本书中,实用性的结构似乎已经打动了实践中的领导者。所以当我被要求更新第二版的《向下兼容》时,我决定保留大部分原来的结构。在我看来,许多原创内容仍然是必不可少的阅读材料,与我第一次写作时一样重要。

我一直认为《向下兼容》这本书应该从头读到尾,所以第二版仍然保留着原来的结构。它清楚易懂的结构使我们很容易一次又一次地对本书进行深入的研究。这可能在某种程度上解释了为什么在编写本书时,已经出版或计划出版荷兰语、越南语、阿拉伯语、汉语和韩语版本。

我在这本书中所采用的深入浅出的风格受到了极大的欢迎。职场专业人士的反馈无一例外都是好评,正是这些特点使《向下兼容》一书实用、易懂。

然而,距离撰写《向下兼容》已经过去三到四年了,其间领导力世界发生了变化。因此,本书有四个新的部分:

· 领导变革

·国际化领导

·引领高效，降低成本

·引领数字化创新

我认为，这些都反映了这一时期压倒一切的领导和管理挑战。

这本书还包括一个叫作"领导力等级 7"的部分（比第一版的"领导力等级 6"更新），它包含 7 个行动主题，我认为这些能使"领导力等级 7"付诸行动。除了添加新的部分，我还更新了整个文本，并添加了新的示例。

然而，并没有改变的是，这本书并不是一本规则之书，而是一本指南，展示如何从他人身上获得最好的东西，从而让自己成为最优秀的领导者。

如何使用本书

《向下兼容》分为 11 个部分，我相信它囊括了任何规模团队的任何领导者在日常工作中都会面临的关键领域。每个部分被细分为具体的行动主题。所有的个人行动主题都是完全独立编写的，我希望你可以在工作生涯中的任何时刻，深入研究那些你认为与自己相关的话题。

每一个行动主题都具有以下结构：

标题描述——包括领导力"星级"在内的标题描述；

目标——作为领导者，你为什么要认真对待这个问题；

环境——如何融入更广泛的领导问题模式；

挑战——问题很难处理的地方；

成功——如何有效地处理问题；

领导者衡量成功的标准——评估自己的进步；

易犯的错误——要注意什么；

领导者的检查清单——关键战略的简要提醒。

领导力等级 7

　　在《向下兼容》第一版中，我给了 6 个项目一个"领导力"的领导等级，我把"领导力"描述为"绝对的优先级"，但没有进一步解释或说明它们是如何联系在一起的。在这个版本中，我将项目扩大到了 7 个，标题是"领导力等级 7"。这 7 项是：

　　制定和出售愿景——描述可信未来的能力；

　　领导战略——领导组织走向未来；

　　领导力优先事项——确保战略重点的关键优先权；

　　组建领导团队——建立支持实现目标的关键团队；

　　你的团队比你更专业——谦虚地认识到要成功，你需要比你更专业的同事；

　　在重复中获取可信度——通过说同样的话来传达一致性；

　　数字化转型——成为新工业革命中的数字化领导者。

　　如果说这本书中没有提到的东西都不重要，那就会损害这本书作为一个整体的可信度。然而，通过"领导力等级 7"的概念，我正在尝试抓住最根本的、能改变组织领导力的本质。

　　毫无疑问，通过撰写和修改本书，我们可以清楚地看到，建立领导力是一个巨大的挑战，随着变革步伐的加快，这个挑战变得越来越难。它要求领导者执行本书中的每一件事，甚至更多，对于很多人来说这是超乎他们能力的重要行为。所以我想对现在和未来的领导者说，基于你不可能把所有事情都做对（如果你专注于所有事情的话，也不会做对），那么领导就是你的核心，它是建立伟大领导力的必要工具。如果领导人在这些领域没有出色的表现，他们很可能会失败。

不幸的是，"领导力等级 7"并不是一个容易记住的缩写，但如果领导者至少能记住：

愿景

战略

优先事项

组成团队

优秀的同事

重复

数字化领导

他们将拥有最需记住和建立的基础。伟大的领导者就像是指挥管弦乐队的大师，他们从擅长他们不会演奏的乐器的演奏者身上得到最好的东西；他们都是中心舞台（在聚光灯下）又是后台舞台（真正意义上的编曲者）。这是一个需要坚持的形象，这一形象最好地传达了伟大的领导所要求的在自我与谦卑、力量与授权之间的外在平衡。

目 录
contents

第一部分　向下兼容型领导者的个性

向下兼容型领导者，愿意把自己放在低处去倾听、理解、接纳和认同。当他们认为自己是正确的时，不会刻意强求他人的赞同，能够克制住纠正他人的欲望，他们往往可以轻松地影响团队中的其他人。

第二部分　构建愿景是创造伟大的第一步

市场持续变化，新技术不断涌现，管理风潮起起落落，领导者会离开，产品会过时，唯有共同愿景的构建才是企业创造伟大的第一步。向下兼容型领导善用自身影响力这一有力武器，带领组织构建共同愿景。

第三部分 你的团队比你更专业

向下兼容型领导者往往能够比较轻松地管理比自己更加专业的团队,他们能够接纳团队中的异见,让团队中的每个成员充分释放自身的潜能,这样的领导者擅长用人之长、容人之短,让团队氛围十分融洽。

第四部分 在变化中寻求不变

无法预测未来、不确定性成为基本的环境特征,这一点已经成为人们的共识。因此,在不确定中寻找确定,在变化中寻求不变,才是向下兼容型领导者创建秩序、掌控局面的根本。

第五部分 在正确的时间做正确的事

彼得·德鲁克说:"效率是正确地做事,成效是做正确的事。"在正确的时间做正确的事,可以确保我们在既定目标的指引下,不断调整达成目标的方法,最终实现效率和成效的双丰收。

第六部分 具有共同价值观的国际化团队

所有跨国企业都需要一种具有共同价值观的企业文化，从而将不同的文化联系起来，实现共同的目标。成功的领导者在塑造这种既尊重国界又无国界的企业文化方面起着关键作用。

第七部分 引领高效，降低成本

如果没有明确的成本控制，领导者不可能带领团队走向成功。领导者需要对成本负责，并且要清楚地了解成本来源、目前的成本状况、未来的成本趋势以及如果需要节约成本，应该采取何种行动。

第八部分 带领团队创造非凡业绩

向下兼容是一种高段位的能力。具备向下兼容能力的人，能够包容他人的不足之处，控制住攻击他人的欲望，将体面和舒服留给对方。这样的人很容易有追随者，并且能够带领团队创造非凡业绩。

第九部分　打造个人影响力品牌

个人影响力是一种影响人和搞定事的能力。个人影响力的打造，离不开向下兼容的能力，它可以帮助我们普通人实现人生逆袭。

第十部分　用一种做事方式影响另一种做事方式

未来，影响力将变成一种高价值资产。具备向下兼容能力的人懂得合作式倾听、共情式沟通，他们往往可以用自己的做事方式影响周围人的做事方式。

第十一部分　对内建设自己，提高对他人的适配度

世界纷繁复杂，市场瞬息万变，加上掌握信息的有限性，当我们对外追求时，很可能把控能力不足。此时对内建设自己，提升自己和目标的匹配度，不失为一种好办法。

第一部分

向下兼容型领导者的个性

尽管领导力是关于引领他人走向卓越的一门艺术，然而，作为领导者的你，才是这门艺术的起点。你必须意识到你的一言一行都在为领导事业定下基调。从加入组织或团队的第一天开始，你的表现就至关重要。它决定日后在面临挑战或机遇时，你的团队会采取何种方法应对；它帮助你和你的供应商、合作伙伴建立自然的良性关系；它帮助你理解市场并做出反应；它帮助你管理团队成员。与此同时，你的言行也会受到监督。你的同事会观察你的底线、你赋予的期望以及你要求的回报。要注意的是，监督的过程需要注意一致性，即你传达的信息与自身言行保持一致。

大多数团队成员之间会闹矛盾，因而他们渴望有一位领袖来带领他们；他们渴望成为团队的一员，领导人挥舞着旗帜，激励大家共同追求一个可实现的目标。然而，他们也可能心存疑虑，因为他们此前很可能经历过组织的一些变动，例如领导班子的更替、目标的频繁转变，等等。因此，你必须要意识到，你所面对的是一群持怀疑态度的观众，你面临的是一项重要的说服任务。也许，你会遇到心甘情愿的追随者；也许，你会遇到冥顽不化的拦路虎，但最重要的一点：你的一言一行必须站得住脚，能够支持你布下的愿景。

因此，要成为一位卓有成效的领袖，必须从自身开始——确保战略符合自身言行。你必须得树立一个榜样，并且清楚你的榜样是否树立成功。你要明白你不仅是在传达信息，而且你就是信息本身。

就职的第一天

新上任去领导一个新的团队，最初的几天至关重要，它将定下基调，传递领导者自身的形象、领导者的目标以及对下属的期望。通常，领导者只有一次机会把事情做对！

主要参与者：所有同事

领导力等级：☆☆☆☆

● 目标

团队领导者只能通过最大化团队的表现，有效地发挥他的领导作用。而团队的表现又取决于领导者和团队成员建立并维持关系的方式。首先，领导者必须好好掂量，如何在清晰地传递指示和尊重他人的贡献之间取得微妙的平衡。

就职的第一天将为领导者和团队之间的良好关系打下基础，你必须很好地理解你和团队成员之间的关系。因此，必须慎重对待与新团队成员的初次接触，并做好计划。切忌随意而为。在最初的几天里，新官上任的你要发出明确的信号，告诉团队成员，你开展工作的方式。尽管你不会急于在一开始就做出决定和变革，但你仍会为此定下基调，并设下坚定的期望。

领导者的每一步都将受到团队成员的严格审查，你必须确保你所传达的形象与你的预期相符。

● 环境

在新就任的几天里，领导者处理人际关系的方式，构成了团队成员角色和价值战略的一部分。

因此，在与新团队成员初次举行会议时，你必须表明你对以下几个问题的态度：

经验的价值——你的组织如何看待经验积累的获得性价值；

作为"知识社区"的团队——你的组织如何将知识的附加溢价视为竞争优势以及如何看待持续学习的重要性；

"知识社区"中领导者的角色——你如何尊重学习的行为，你如何展示学习的艺术；

创新的力量——创新如何推动21世纪的商业；

倾听的力量——你如何倾听和尊重他人的意见；

决策的本质——你如何平衡自己决策和赋予他人决策权力之间的关系；

原则的力量——你如何树立个人和职业榜样。

最重要的是，你的角色是展示知识的价值以及团队所有成员带来的知识价值。

● **挑战**

有时候，你在面试一份新的领导人的工作时，面试官会问你：

· 你如何处理就职第一天的角色？

· 你会采取什么样的策略和行动来完成第一天的亮相？

即使面试官不说，有些问题也能从他们的行动中揭露出来。那就是他们流露的对引进新血液的焦虑，这很可能是考虑任命领导人的原因！

这就是你新上任头几天将会面临的困境。你会希望：

· 恰到好处地展示你对团队的尊重，同时让团队看见你对他们的尊重和欣赏；

· 树立自己的个性标签。同时，不允许那些不安分的人产生的忧虑破坏你的领导方式。

● **成功**

通过周密的计划，领导者就职首日的表现可以得到大大的提升。作为一名新领导，你应该考虑以下一些关键原则：

· 信息——在入职之前，尽可能多地从组织结构图中获取关于新团队的信息。这值得你花时间和精力去研究，因为它会让你对新组织有一个基本的认识。仅仅是组织结构就能揭示一些问题。

· 计划——提前与招募你的人计划好入职的第一天。首日计划应包括第一时间与直接下属会面或交谈；然后与办公室的其他工作人员会面（如果可行）。尽可能多地为此预留时间。

·衣着——记住，你的穿着也会传递很多信息。你应该考虑一下衣着所传递的风格——外表往往和语言一样能够揭示一个人的内在。

·直接下属——以小组形式与直接下属会面，并在会上讲述你的方法。这并非要你传达答案，而是要为团队工作的方式制定议程。向直接下属表明，你将花大量的时间和他们在一起，也会尽可能多地与所负责的其他员工在一起。向团队讲述一些关于自身背景和经验的故事，如果可以的话，最好做到声情并茂，它有助于你建立个人形象的真实性。

·员工会议——在适当的情况下，也可以与成员较多的小组进行交谈。这是一个重要的时刻，因为它将定下基调。你不要害怕被员工提问，只要确保你给出的答案是清晰明确的就可以了。如果你不知道答案，那就直说无妨。随后给所有员工发一封介绍性邮件。

·利益相关者——如果有可能，提前确定关键的利益相关者是谁，包括关键战略合作伙伴、供应商和客户。你应该确保他们能够尽早联系到你，并且你要有计划一一约见。

领导者衡量成功的标准

在第一天与所有的直接下属进行了会面与交谈。

在第一天的会议上，捉住合适的时机，在团队所有同事面前发表了讲话。

在第一周内确定了主要的利益相关者。

● 易犯的错误

"第一天"对于创造一个美好形象至关重要，同时，也会有产生不良印象的风险。不良印象一旦形成，就需要更长的时间才能消除。领导者容易犯的错误有以下几个方面：

·缺乏计划——如果你不安排好第一天亮相要做的事情的顺序，尤其是需要见面的人和所需要的时间，那么，很有可能你会疏远一些关键员工。

·缺乏沟通——沟通不需要成本，但沟通不畅会带来沉重的代价。因为沟通不充分而造成的影响，可能需要数周甚至数月才能消除。

·"无所不知"的方法——任何领导者都不应该让人觉得他无所不知。这种印象带来的风险很高，因为你可能就需要证明你的任命是正确的。任何不重视同事经验的建议都可能适得其反。因此必须在一开始表现出谦虚！

·不恰当的决策——新领导上任，难以避免会有一些问题需要你做出决定。如果可以，尽可能延迟，避免在未经过充分理解之前仓促做出决定。同样，也不应该在充分了解新角色以及有足够证据支撑之前，根据自己的想法来引入一些变革。

● **领导者的检查清单**

·确保你提前收到了尽可能多的关于新团队的相关信息，例如组织结构图、预算、业务计划、最近的评估、团队成员的简历。

·为第一天就职制定具体的、定时的议程，并注重沟通。确保时间表预留了员工工作时间临时有变化的余地。

·如果可能的话，在你真正开始之前，将日程表传达给你的团队——作为你入职过程的一部分。

·针对个人、团队和员工的会议，安排好他们的位置和你可能需要的任何支持——茶点、演示设备等。

·提前为所有重要会议准备笔记，以确保你不会错过任何重要信息。紧张的情绪可能会让你比平时更容易错过一些重要信息。

·留出时间与直接下属进行一对一的介绍性会议（121秒）。

·确保与关键利益相关者一一会见或联系。

领导风范：定调

风范是个人在组织中表现的一种方式——它激励员工并赋予员工高于平均水平的表现。

频率：永不停止！

主要参与者：所有员工

领导力等级：☆☆☆☆☆

● **目标**

所谓的个人领导力火花，往往就是普遍表现和卓越表现之间的差异。这里的关键不只是领导应该做什么，而是他们的团队想要什么。领导者每一天的行为举止，体现了一系列问题和细节。

毫无疑问，在任何团队、任何组织中，领导者的每一步都会受到监视，所有行为都被单独或综合起来解释为对团队或组织本身的意图声明。通常情况下，领导者并没有意识到这一点，而是通过自己的行为，向企业传递出各种信号，就像任何使命、愿景、价值观、商业计划或目标一样相关——而且往往会得到更密切的观察。

这是很明显的，但是大多数员工知道他们是在一个领导者而不是经理的面前，而且在我看来，也许不太明显，但他们更喜欢这样。

对于一个领导者，我们没有一个明确、简洁的定义，除非我们都倾向于知道自己在领导者面前的样子。当然有比现在这样的观念更重要的，那就是把事做正确，而不是做正确的事情。这不仅仅是发布命令，做出受欢迎或不受欢迎的决定——尽管可能就是所有这些！领导能力也与等级或等级结构无关——领导力是一种在任何角色、功能和时间都可以表现出来的特征。

你必须意识到你的行为举止——你被看到的行为举止——是最大化你的表现的一个隐藏但重要的部分。

● **环境**

为什么我会说组织和员工渴望这种领导风范？大多数员工都与他们的组织和团队建立了密切的关系，形成了依赖。在这种关系中，他们需要一个指南针来管理他们的追随者意识。任何一个每天至少为组织奉献了三分之一时间的人，都不想觉得自己的努力是徒劳无功的，或是没有任何指导目标的。这一目标需要在各级领导中通过他们的行为表现体现出来。

此时可以提出两个问题。

· 有效的领导风范是后天习得的，还是与生俱来的？

· "习得"的领导风范是否有被视为表演的风险，因此失去真实性？

这是本书范围之外的一个巨大的行为学科。我只想说，虽然有

些人天生就有领导才能，但毫无疑问的是，学到的经验有助于改善
领导者的行为举止，并提高他们的效率。

在这方面，你应该做的是了解学习的重要性——从你自己的经
验中学习，通过观察他人来学习。

● 挑战

"经理"是许多人在工作场所都想要的一个标签，这意味着一
定程度的成功。这通常也意味着我们要对其他人、团队及其活动、
预算和关键绩效指标（KPI）负责，同时也要对团队的表现负责。
这也可能是与提高工资和福利相关的一个步骤。工作中的标签非常
重要，我们不应低估从经理晋升为董事这一路线上的进展所带来的
声望。

同样，我们也不应低估管理在实现绩效方面的重要性。没有关
注客户、创新、流程、交付及其员工，任何组织都不会成功。管理
层在这些事情中起着最重要的作用。大多数管理者都会成功，如果
管理者实现了这三个目标：团队的可交付成果清晰，交付过程经过
试验、测试和重新测试，有合适的人员来从事正确的工作，那么，
他们大都会成功。

有效领导中的一个挑战是，领导者过度依赖管理而不是领导行
为。你必须学习管理者和领导之间的区别。

管理者：

- 遵循规则
- 关注完成工作任务
- 偏爱保守
- 关注今天的传递

领导者：
- 遵循直觉
- 关注完成正确的事情
- 偏爱冒险
- 关注明天的表达

你通过认识到以下挑战来迎接挑战：
- 你是一个领导者（不要太谦虚而不承认）；
- 领导地位并不是为等级制度中的少数人保留的；
- 领导力是关于你行为的基调，而不是应该遵循的规则。

● 成功

这是否意味着作为一位领导者，你就是一名演员？不，我要强调这不是，因为虚情假意总是会被识破，它不意味着我们要"演"，而是，你应该像演员一样意识到你的言行所产生的影响。

那么团队寻找的领导风范的关键点是什么呢？

可视度——能够经常被看见。可视度代表你的参与、投入和联系的程度以及允许在任何领导者手下的"你"发光、发亮。

信息传递——传递定期的、一致的信息。经常变卦的领导不会得到团队的信任！

方向——清楚地表明组织的发展方向以及原因和方式。领导者如果不能清晰地向团队表明他们努力的方向以及可评估的目标，那么他们不配被称为领导者。

可亲近性——能够一对一地接近。冷漠、令人恐惧的领导者会使自己与团队变得疏远，并会对领导力产生消极影响。

倾听——倾听并吸纳他们的观点。你应该公开尊重团队成员在专业领域中表现出来的比你更高的技能。

公平——公平、正直地处理一些难题。所有的领导者都会面对一些艰难的决定，如果你能保持公平和正直的态度，那么你总能因此受到尊重。

绩效管理——能够奖励顺利完成绩效的人，也能够解决团队中成员绩效不佳的问题。在一个既能为成功欢呼，也能为失意做出建设性鼓励的环境中，大多数团队成员都能做出正确的回应。

个人发展——致力于个人发展。学海无涯，最好的领导者和组织从来不会阻碍员工超前发展。

创新——乐于接受和挑战新的想法。当创造性的火花和激烈的辩论得到鼓励时，团队会进行更多的创新。

尊重——完全尊重性别、种族和文化差异。一个多元化的团队反映了我们现实生活的世界，而成员以良好品质为根据的团队，会获得更多推动创新和成功的机会。

你可以创建一个员工会议和 121 秒的时间表并坚持执行。

你至少每年向所有团队成员介绍一次业务战略。

你在员工会议上宣布成功的消息。

● **易犯的错误**

对任何领导者来说，他们最容易犯的一个错误是，小看了自己对同事的影响。最关键的是，你的领导风范会受到以下因素的影响：

与员工缺乏联系——距离使你失去对下属产生影响的机会；

信息传递缺乏一致性——这损害了信息的可信度，尤其是战略性和任务性目标；

决策缺乏公平性——未经合理协商做出的决策，或有失偏颇的决策，将损害领导者的诚信和信誉。

领导者必须从人群中脱颖而出。但如果你是孤立无援、前后矛盾、不值得信赖的话，你不会成功。最坏的情况是，这种对领导力的潜在遮蔽造成了一种真空，会带来不确定性，并使你迷失方向。

● **领导者的检查清单**

请确保你从就职第一天起就为你的领导风范定下基调，并为此做好了计划。

切勿让自己在缺乏计划和方法的情况下进入到一个新组织当中。确保从第一天开始到以后的日子，你都能让团队成员看见你。作为一位领导，你能够亲自现身，而不仅是传达或接收信息，这一点很重要。

保持一致——制定工作的方式，坚持执行它，让团队同事清楚自己所处工作环境的文化。

不要让自己受外界的影响，不管是意料之外，还是令人不愉快的事情，你只需坚持你的基本原则。

确保在方法上有可预见性，以便同事能够清楚地认识到领导对他们的期望。

你要清楚责任在于你，你要负责任，而不仅仅是被动地执行别人的想法。

你必须清楚地意识到，你要对艰难的决定负责，并且不能逃避。然而，至关重要的是，永远不要让人感觉到，领导的作用是在替别人做事，相反，这是为了给他们提供一个可以让他们蓬勃发展的环境。

诚实——如实说出你的想法，并让团队相信，你并不会被操纵。

交流中落落大方，不要认为言多必失而索性停止交流。只有当你反复传达同样的信息，使它们可信时，你才会被信任，这是金科玉律。

领导者原则

原则能够体现高效领导者的行动力。它提供了一个基于尊重的价值观框架，这种价值观框架驱动团队关系和绩效的各个方面。

频率：永不停止

主要参与者：这次只有你一个人！

领导力级别：☆☆☆☆☆

● 目标

作为领导者，你通过原则为你的组织和同事设定了一个道德指南针，你通过一套指导性的道德准则来规划你和团队的路线，这些道德准则告诉你如何与同事、伙伴和客户相处。这些原则贯穿于一切——从组织的战略到你与同事日常的基本互动。

这里的指导思想是，一个组织，如果明确地、深深扎根于一套有约束力的价值观，那么它将吸引最好的员工和最好的合作伙伴，并最终与客户建立良好的关系。

原则是提高市场份额的关键。无论是直接还是间接，原则都传递你的个人形象。

● 环境

任何一个领导者都是他们领域中的一个榜样。就像父母抚养孩子一样，持续的领导行为逐渐融入团队或组织中。它很少立竿见影，通常是渐进式的，并延续很长一段时间。但是，不管它多么微妙，领导行为的文化影响也是巨大且深远的。因为是领导人制定了可接受的行为标准。在所谓的"信贷紧缩"中许多银行的情况就是一个完美的例子——董事会率先通过一个例子，即大幅降低风险门槛是可以接受的（而且确实是必需的）商业行为。

● 挑战

依据原则而筹划战略路线，可能会带来一种反应，那就是在处理团队和组织的混乱时，纯粹的环境力量要求我们采取更加务实的方法。但我不同意如此做，领导者最大的一项资产便是正直，它来自原则的公布与执行。你如果破坏了它，你就得自担风险。一旦原则像货币那样贬值了，一旦换成了更容易的选择，原则就难以恢复；如果你被认为缺乏诚信，你将会失去权威和信誉，你的团队就会开始通过空谈和等级要求行事，而不是通过激励。

● 成功

诚实——领导者不加扭曲地向团队讲述他们对事物的看法。短期来说，无论谁都会觉得痛苦，因为你传达的信息可能不完全正面，或者与当前的预期相悖。但这样做的好处是，随着时间的推移，你的判断会被认为是对环境的合理反映。这反过来会鼓励其他人欣赏你的直率带来的价值。相反，只说别人想听的话，将祸根暗种。

尊重——任何时候，你都要尊重他人本来的面目和他们所说的话。你要表现出一种开明的态度，认为每一个人都能做出积极的贡献，不管他们的角色、背景或性格如何。这样做的好处是，你能够让同事意识到他们自己的重要性，从而快速成长。

公平——你要基于证据而不是偏见或假设做出决定。你在处理所有问题的时候，都不需要应用既定的或预先确定的解决方案，并且在证据充分的情况下，随时做好改变主意的准备。你要证明，你会基于公平处理问题，如此一来，你将会鼓励同事坦诚面对问题，并且有信心以建设性的方式讨论如何解决问题。

清晰——你清楚地表达自己的想法。你要确保团队中的每一个人都清楚你的愿景、战略、目标、问题和行动；如果存在模棱两可之处，那是因为你要处理的是模棱两可的事情，你没有将其作为逃避决策或艰难选择的手段。

开放性——除了清楚地说明，你要确保（在任何你认为合理的约束内）你向团队陈述了你所看到的全部情况。你要避免让同事们觉得自己被排除在日程安排之外。你的开放性将通过一种匹配的开放性得到回报——创造一种相互信任的氛围，这是团队合作的基础。

合作——高效的领导者不会光坐在象牙塔里，在远处下达指令和做出决定。在合理的时间管理框架内，你不仅要让关键人物参与关键决策，还要让整个团队参与其中。这将进一步促进相互尊重，并有助于避免团队中不同成员产生孤岛思维。

果断——让他人参与决策并不会影响做出决策。相反，它应该有助于达成决策。此外，你的团队应该看到果断带来的好处，决策的形成并不是为了领导者的利益（尽管有时候有些决定比什么都不做要好），而是为了面对问题、分析情况，并且下定决心行动。

谦虚——领导者并没有所有问题的答案，他们只是在帮助人们找到答案。你让你的团队成员觉得他们都同样有价值，你的领导作用不在于展示你的知识，而在于高明的引导。该表扬的时候不要吝啬，永远不要将别人的想法或成功归功到自己身上。

多样性——你能在团队中看到多样性的价值，不要依照你自己的形象进行招募，也不要反对成见。你必须和人力资源团队合作，了解团队商业环境所要求员工具备的能力、风格和经验，这将使你的团队具有竞争优势。

勇敢——这也许是所有品质中最重要的品质。你确信，在你的任期内，你的团队知道你已经做好充分准备，可以做出不受欢迎的决定或承担重大商业风险。如果在已经讨论过的其他原则范围内做出这种困难的决定，将显得更加可信。它们将激励你的团队从做正确的事情中获得自信。

领导者衡量成功的标准

使用员工调查（有时也称为"气候调查"）来评估员工对组织文化的看法。

通过一个独立的调查来评估团队的多样性。

通过定期沟通，鼓励员工了解和阅读公司行为准则以及关于就业、保持多样性和平等机会政策。

● 易犯的错误

原则要求领导者有决心、谦虚，具有能够快速恢复的能力，但所有这些都很容易被忽略掉。

决心——原则总是会受到来自同事的挑战，尤其是那些容易走捷径的同事。如果你坚信自己的立场，就不要屈服。

谦虚——原则是不能吹嘘、夸大的。高效的领导者不会站起来赤裸裸地告诉大家，他们都是依照原则行事。他们的行为本身就在替自己说话，他们的正直是从行为中体现的，而不是言辞。

快速恢复的能力——领导者难免会感到非常孤独，因为他们的行动一直受到监督。这种孤独有时会使惯行原则成为一种负担。因此，不要让孤独感潜入并吞噬自己，培养一张同僚网络，你可以向他们咨询并从中获得支持。

领导者的道德品行是明确的——不要屈服于来自原则的压力。

● **领导者的检查清单**

正如我在别处观察到的一样，不管你喜欢与否，你必须意识到，你的同事和同行都会关注你的每一个举动，尤其是你为企业定下基调的行动和措辞。你要清楚你是道德指南针，你领导，其他人跟随。

清楚你的底线。你要知道你不会在哪些方面妥协。

记住不要炫耀，而是以身作则。

要有同事或者导师（如果可能的话）可以帮助解答令你困扰的问题。

学会识别使原则受到威胁的压力信号以及你在努力解决冲突时的压力信号。

相信你的直觉

直觉是一个好东西，也非常有必要。在处理每天数不清的问题和决策中，领导者都会运用他们的直觉。成功的领导者相信自己的直觉，就好像他们相信别人一样。

频率：它应该随着你的成长而增加

主要参与者：所有直接下属

领导力等级：☆☆☆

● 目标

你有多少次在回想起自己违背直觉而做出或未做出的一些决定时，后悔自己当初为什么不够大胆？你是否经常让那些在当时看来很重要的因素阻止了你去做你认为正确的事？

诚实点儿吧！我们当中大多数都会经历这样的时刻。我必须要说，我犯下的许多糟糕的错误，在当时内心深处都有一个声音在说我做错了。要成为一名成功的领导者，你需要启动你的直觉（有些人会称之为灵感）。它是你的决策工具箱的一个关键部分。让它成为你耳边的伙伴，认真聆听它的声音吧！

● **环境**

一位首席执行官曾经对我说，我身为团队领导人，工作中最重要的部分（当时我是主管级别的职位）就是确保我拥有一个正确的团队——即使这意味着我只需要工作半周，那就顺其自然吧！他没有错。作为一名高效的领导者，你会意识到，相信你的直觉其中一部分就是确信你拥有一个正确的团队，他们各自处于正确的角色中，且受到激励做出自己的决定。这是最首要的方面，你必须要相信自己的直觉，因为你对于团队的选择就决定了许多未来行动的结果。

此外，你可能会面临这样的情况：有员工向你提出问题，而他们并不清楚要采取什么行动。正确的做法并不是让你替他们想出答案，而是帮助他们自己思考，如果他们只是没有准备好说出自己的答案，那么请引导他们。因此，相信自己的直觉也是为了形成一种传统——展示它的重要性和力量。

总之，结果就是授权。当然，这是一个老掉牙的话题，但在日常有效的领导中，授权经常发生。你确实可以看到人们越来越擅长遵循自己的判断，并且在做自己认为对的事情中获得了自由和乐趣。

● **挑战**

提起直觉的价值，人们只是简单和浅薄地认为，那不过是经验主义罢了。不可否认，我们总是有第一次担任领导职务的时候，本书中讨论的许多方法都是随着同事和员工对你的行为方式的反应的变化而演变的。然而，如果你认识到以下三个关键特征，那么你的学习过程会不可避免地加速。

像任何一个领导者一样，你也有自己的直觉。直觉不仅是商业中承认的，而且也是非常必要的。它不应该被排挤在企业家的保护之外，也不应该在以流程为导向的企业世界中格格不入。

但相信直觉和冲动有所不同。本能是一种根深蒂固的，对某种行为的本能，它可能需要同事的测试，或者通过进一步的分析加以验证。而冲动的决定则是情绪上对环境的反应，不受分析支持。你的同事很快能够辨别出两者的不同。

成为一个受欢迎的领导不应该是你的目标。一个凭直觉行事的领导者不会被吓倒，不会做出不受欢迎的决定，但他们会有坚定的勇气支撑自己。所以，努力防止分析成为一种回避策略吧！

● 成功

对于组织或团队来说，认可和灌输这种方法有什么好处？它的目的是培养一种具有以下特点的反应快速的文化：

常识——这是一种价值观，是大多数员工作为孩子、伴侣或父母必须在日常生活中具有的常识、所有权和责任。

经验——尊重经验和洞察力，它们至少和分析具有同等的价值。

授权——经理自身感到有能力做出决定，而不是被动地执行（以组织所需的权限限制为准）。

决策——重视的是质量，而不是决策方法。

速度——让决策变得更快。

个人——决策成为所有员工的个人工具，并不总是通过协商和会议来实现。

归根结底，"相信自己的直觉"不仅是信任自己的人，也是信任自己的本能。让正确的人做正确的决定，让他们有能力做出自己的决定！

领导者衡量成功的标准

扪心自问——问题是否正在逐步消退，不再对你形成挑战？

扪心自问——有多少问题是由于不满当时的决定而重新审视？

监控你和你的团队，有多少次对话是他们在质疑自己的决定？

● 易犯的错误

重视直觉所带来的最大危险可能是，你会忽略更详细分析的需求，你会自然而然地认为：基于经验的增长，你的直觉也会愈加精准。随着经验的积累，人们在评估如何做出决策方面会更加熟练。另一个风险是，对直觉的过度谨慎会使领导者丧失驱动力，而这种踌躇不定不仅体现在具体决策中，也体现在领导者对待企业的态度上。

在直觉和谨慎、决断和分析之间有一个很好的平衡。虽然随着时间的推移，达到平衡会变得越来越容易，但领导者应该始终意识到，平衡是需要努力才能实现的。

● **领导者的检查清单**

学会识别你拥有直觉的时刻，学会表达你的直觉，而不是把它们埋葬在回避过程中。

还要学会识别过度情绪化的反应，例如，一些下意识想要回复的、言辞过激的邮件，就应该发送到草稿箱，你要学会正确对待这些邮件。

要明白，在学会做回你自己之后，最重要的决定就是要招聘下一个正确的员工。

鼓励甚至训练你的员工意识到自身直觉的价值。

检查你的决策，并评估有多少决策是因为你怀疑原来的判断而再次做出的。

专注于重要的事情

有效的领导者要确保他们专注于有利于实现团队目标的行动。

频率：你需要一直提醒自己

主要参与者：你和你的直接下属

领导力等级：☆☆☆☆☆

● 目标

我曾经有过一次不可思议的经历：在管理一个金额达数百万英镑的项目时，公司的服务部门对我手下一名黑莓用户员工产生的漫游费用表示了质疑。我毫不客气地回应了他。那位经理很倒霉，他只是在做分内工作。他曾经被命令要降低通话费用，而国际黑莓用户似乎是可以下手的对象。他声称黑莓用户每减少10分钟通话时间，便能节省2英镑，显然，这是一笔划算的账。但是另一方面，我面对的是项目的延误和费用的超支，与漫游费相比，它们显然才是与实际相关的问题。

成功取决于做正确的事情，而不仅是把事情做好，这是现在公认的管理箴言，也是领导者"军械库"的一个关键武器。它之所以重要，是因为作为领导者，你最终会影响员工的行为处事，尽管有时是以潜移默化的方式。最成功的当属那些专注于手头任务的组织：

· 对客户有明确的市场细分；

· 理解并满足他们的需要；

· 提供可接受的股份或股东回报。

你所面临的风险是，当你的团队或组织逐渐发展、日趋成熟时，获得的系统和过程本身就成了目的而失去了对以上任务的关注。作为一个成功的领导者，你的目标就是坚持不懈地专注于重要的事情。

● 环境

无关紧要的事情可以分为两类。

不重要的事情——几乎所有的组织里都存在无目的的活动行为，它们的存在揭示了深层次的组织行为问题。例如，在一个组织中，向董事发放黑莓手机需要一份由部门总经理手写的书面说明。当然，出于资产管理的目的，有必要保存文件线索，但是手写的书面说明有必要吗？如果一个组织就连决定是否发放黑莓手机的事情都不太信任它的经理，那么经理的任命就有问题了。它应该将重点放在解雇经理上，而不是黑莓手机的分配上！

领导者选择的东西不重要——你决定什么问题也并不重要。因为这些名单上的内容会随时变化。你如何决定清单上的内容？首先得取决于你的决心，明确业务上各个方面的目标，拒绝投入非核心活动。例如，如果组织将主要的国际市场定为美国和欧洲，但也开始意识到日本存在的重大机遇，那么目标明确的领导会拒绝不明朗的未定的机会，继续保持专注，而不是以牺牲核心目标为代价，追求新的机会。

所有的团队领导人都会面临一些与既定战略目标无关的任务、活动或机遇。它们也许吸引力十足，但是领导者必须懂得拒绝。保持专注和冒险同样需要勇气。

● 挑战

我们所处的商业世界正经历着快速而极端的变化，尤其是在2008 年的信贷紧缩的影响下。然而，成功所需要的反应力、适应力和决断力似乎与专注格格不入。这是因为专注的本质被误解了。

专注并不意味着你要坚持一些对团队说过的话，那是固执。例如，专注的其中一个因素是保持对客户需求的敏感，或实现某些财务目标。当客户要求改变时，或者当财务目标受到威胁时，有效的关注就意味着采取行动以应对变化的环境。

如果业务环境发生了重大变化，那么你应该有足够的精力去关注其对业务产生的影响，以便对团队的方向进行战略性评审，而不是固守已经过时的战略目标。

● 成功

保持专注主要取决于：

· 策略——明确的战略意图和愿景。

· 目标——固定和公开的目标。

· 结构——一致的组织结构。

· 价值——深刻理解领导者增加的价值部分。

· 支持——不断重复战略目标。

完成以上步骤以后，你不仅能清楚地表达重要的事情，并且可以在执行的时候获得信任。它为今后讨论一些广泛的议题提供了框架，并为各位同事树立了一个明确的榜样，表明你期望以何种方式取得成功。它有助于你弄清楚团队负责哪些活动领域，不仅进一步强调了你的关注点，而且通过授权，你的团队也能关注各自的重点。

你可以为自己制定一个问题清单，在整个任期内，反思以下问题，以确定自己的方向正确。

· 我是否清楚组织的愿景？

· 我是否清楚团队的目标？

· 我是否清楚自己的个人目标？

· 我是否投入到了与目标无关的问题上？

· 是否允许我的团队开展工作？

还有一个有效的补充是，定期列出目前所有尚待解决的问题（无论重要与否或大小），然后对照你的清单进行检查。这将清楚且持续地显示你目前在关注或忽略的重点。

领导者衡量成功的标准

战略目标与团队、个人目标以及奖金计划相关。

团队会议议程与战略目标相关。

你正在实现年度和战略计划目标。

● **易犯的错误**

领导者很容易被卷进无关紧要的事情中，你必须时刻提防这种风险，尤其是当团队或组织没有明确关注的战略目标时，发生风险的可能性更高，因为其他内容都来自战略目标框架。如果失去专注，你很快就会发现：

  ·你的组织因为非关键任务而超负荷运作。

  ·团队中的个人不能轻易地描述他们的共同目标。

  ·关键的财务和业绩指标变为负数。

一个没有专注于重点的组织，通常都有异常忙碌的特点。活动水平本身就标志着对核心目标丧失专注。

● **领导者的检查清单**

要知道，如果没有匹配的能力去实现，任何策略都是毫无价值的。而实现的关键就是专注。

  ·在谈话和行动两方面做好专注的准备，提醒同事关注重点，强调重点的重要性。

·如果某些机遇会分散组织的注意力，那么你要有勇气与这些机遇说再见，无论它们本质上有多么吸引人。

·要谦虚，要认识到专注既适用于你也适用于其他人，并通过检查表和评审过程来确保你保持专注。

·记住，作为一个领导者，你的效率是由产出而不是投入来衡量的，你不应该让对专注的负罪感驱使你为了他们自己的缘故而承担更多的任务。

管理会议

会议经常在领导者及其团队的工作生活中占据主导地位。领导者管理会议的方法在组织文化的发展中发挥着关键作用。

频率：越少越好

主要参与者：所有员工

领导力等级：☆☆

● 目标

会议是你与团队成员沟通的主要方式，它在以下方面起着关键作用：

· 宣传战略目标；

· 展示原则和价值观；

· 传播信息；

· 建立个人关系；

· 决定决策的方式和模式。

高效的领导要清楚，会议不仅仅关乎会议本身的主题。领导者要为所有的会议规划自己的方法，包括当前的（主题）和潜在的（领导）议程。

● **环境**

正如很多事情一样，领导者主持会议同样会定下一种基调。例如，如果你把会议安排成了决策的主要论坛，那么你就定下了官僚作风，压抑过程和合作主义。最糟糕的是，在这样的文化下，决策成为集体共有，而非独立的。

反过来，这又会创造一种依赖于你的企业文化，导致在你没有参加的会议中，一事无成。

你还必须学会如何管理时间。不仅仅是把所有事情都安排得井井有条，还要确保你有时间去做正确的事情。会议成为时间管理艺术中的一个重要工具，因为你可以控制参加会议的次数和时间，也可以控制出席其他会议的次数。

● **挑战**

会议向领导者提出了一个悖论，即你会赞同沟通是商业机器的重要润滑剂，但你也知道会议对你团队中的许多人来说是公司生存的祸根。

· 你是否经常听到有人抱怨工作时间被会议占据？

· 你是否经常在打电话给别人时，却听到"我正在开会"的信息，并因此感到烦躁？

· 你是否经常在看到自己的日记时，心里感到懊悔，想着要是把开会的时间挤出来工作就好了？

·你是否经常在会议中觉得会议过长，主持不力，不应该再继续开会？

·你是否经常参加一些会议，会议得出的结果要么不明确，要么就只是一连串永远无法完成的行动要点？

如果你是一名成功的领导者，你会将会议作为一项主要的沟通工具，允许员工坦率地表达想法，而不是一味怨恨会议无关紧要，浪费时间。

● 成功

在会议上表明立场，是你在企业文化、企业家精神、决策制定和人力发展方面需要采取立场的核心部分。它也是培养谦卑品质的一部分。作为领导者，你的角色是创造一个环境，让伟大的事情发生，而不是事事亲为。因此，你需要有一个清晰的会议结构。

定期员工会议——与所有工作人员（面对面或通过电子媒体）举行会议，反复阐述一套核心战略和业务信息。你很快就会意识到，要想接收到信息，你需要重复信息（从而获得可信度）。这些会议和信息为你的行动确定了一个整体环境。

高级团队会议——定期与高级团队举行会议，就核心战略和业务问题进行讨论，但频率每周不超过一次。

放松日——定期与高级团队进行"静修"会议，建立社会联系，让他们有时间进行日常事务和运作以外的思考。

121 秒——与直接下属进行一对一的会议，就具体问题和目标完成度进行汇报。

非会议时间——如果可能的话（除了与管理相关的会议），你不应该安排许多固定的会议。流动的日常时间应该投入到现有和潜在的合作伙伴、供应商以及重要客户上，或者自己独处也行，这是你思考未来最有成效的时候。

议程——所有会议都应该有明确的议程、时间表和受监控的行动项目。

你必须明确你需要参与解决何种问题，这些问题因业务类型而异，也随着组织所处的发展阶段和商业周期阶段的变化而变化。你应该：

· 拆解目标。

· 对直接下属强调，他们各自对自己团队的决策负责，你的参与仅限于协助解决问题。因为如果你参加直接下属的会议，会削弱他们的领导能力和责任感。

· 鼓励所有的直接下属采取类似的态度。让大家知道，在明确规定的范围内，员工有权做出决定，并且会议是解决问题的最佳方式。

这是一条能将人从烦琐中解放出来的原则，尽管实施它需要决心。它能让人腾出时间，专注于正确的问题上，而且它承担起会议沟通的责任，这有助于激发起一股由授权、分权和行动导向责任的积极浪潮。

领导者衡量成功的标准

· 提前安排好会议，例如与直接下属一对一的会议以及与整个团队的会议，至少要提前 6 个月准备。

· 至少要有 2 个小时的会议准备和思考时间，每周至少有一天的常规会议。

· 你的会议准时开始，准时结束。

● **易犯的错误**

会议是一个示范以身作则的好机会。反之，会议也可能暴露出你马虎、懒散的一面。对照自己是否有以下现象：

· 会议没有时间表，通常都是临时举行的；

· 参加会议的人员不仅仅有参与贡献的人，还包括其他无关人员；

· 会议开始时间晚；

· 会议没有规定的时长，或者规定了会议时长却很少被遵守；

· 会议讨论的主题不集中，偏离原本的问题；

· 会议没有做记录、会议纪要没有传阅、会议后没有安排后续行动。

重要的是，不要让会议成为组织或团队中最频繁的活动，这是最起码的要求。

● 领导者的检查清单

·从新任领导职务的第一天起，就不要承袭原来的会议结构。尽可能地集中精力与更多的人进行面对面的交流，尽可能多地为客户和独立思考留出时间。

·始终让直接下属相信，你并没有在为他们做决定，相反你期望他们参与解决问题。鼓励他们在各自团队中创造一种分权而非集权的文化。

·坚持自己举行会议的方式（见上文），确保你的会议都有其举行的目的，不是为了开会而开会。

·拒绝参加你认为不适合参加的会议，并阐明原因。

·努力试着"被看见"，巧妙地做一个"会议健康检查"。观察会议的数量和参加的人数。

时间管理

时间管理是一个高效领导者"军械库"里的基本武器。领导力是关于人的艺术，因此与人相处的时间和质量异常重要。

频率：持续地

主要参与者：直接下属

领导力等级：☆☆☆☆

● 目标

对于高效的领导者而言，时间管理不是目标，而是一种工具。最重要的是，领导是关于人的艺术，大部分的时间都在与同事进行交谈，不管是正式的还是非正式的。因此，沟通的优先级和交互的质量非常重要。因此，你面临的挑战是要确保你了解时间的价值以及你在时间管理中所扮演的角色。

首先，你必须意识到是否完成了领导力中的优先事项：

· 制定清晰的愿景和战略；

· 实行支持性的组织结构；

· 以适当的权限严格填补结构中的关键职位；

· 建立互补的决策结构。

完成以上几条你距离成功就差一步了。这是一个简短的清单，但它涉及决策，许多领导人都会理解错误，而一旦理解错误，业务就会出错。所以作为领导者，你必须首先关注优先事项，而不是那些细枝末节。

一旦理解了这四个领导力的优先事项（建立了一个持续的自我检查机制），那么你就要开始分配时间了。

● 环境

我们中有多少人的经理无时无刻不在发邮件、打电话？有多少人的经理总是来得最早，走得最晚？是谁让我们感觉他们总是不断地参加一个又一个的会议？是谁手里总是拿着一沓文件，但显然还没读过？这些人可能犯了一个基本错误，他们认为：

· 评判领导者的标准是他们的工作时间；

· 最高效的领导者是那些最擅长处理最繁重工作的人。

这本质上是一种大男子主义，显然是错误的。在最基本的层面上，它混淆了质量和数量，用结果代替效果。

我从痛苦的教训中认识到，只有当领导者意识到自己的使命时，才有机会实现有效的时间管理。我们都应该牢记一个基本原则：一个有效的领导之所以能够脱颖而出，是因为他们只做关键的决策。这就是为什么格拉纳达前主帅、电视大师格里·罗宾逊经常会说，他一年只需要做五到六个关键决定。

● **挑战**

你要学会辨识时间管理不当的信号：

·同事、员工或客户认为你的愿景和战略不明确；

·你经常怀疑自己的策略是否正确；

·同事告诉你，当前组织结构中的职责不明确；

·关键同事的表现让你感到不舒服或尴尬；

·你开始承担关键同事应该做的任务；

·你的"收件箱"中有需要你做的低层级的决策。

你应该立即意识到，以上例子（绝不是全部）的一个共同特点就是它们占用时间，意味着时间效率的损失，这是自己造成的，我们可以避免。

你还可以在自己的工作模式中寻找是否有所谓的超级英雄倾向。这些特征表明，你已经认为自己可以承担几乎无限量的工作，例如：

·你的工作日程上，会议连续不停，几乎没有空闲时间、思考时间或私人时间；

·你有从早上7点到下午6点，外加晚餐时间的固定工作时间表；

·你未预先阅读关键文件就参加会议；

·你参加会议经常由于日程安排太紧凑，几乎没有或根本没有拖延的余地而迟到；

·你的会议经常被重新安排和 / 或取消，因为会议太多，任何变化都会产生重大的连锁反应；

·你有一长串未完成的任务清单，并且这个清单永远不会变短；

·没有采取关键行动是因为它们需要集中的时间去思考，而你根本无法抽身去完成。

当你意识到，你能主动控制时间的时候，时间管理就变成了一门你能处理的艺术，而不是你畏惧的挑战。

● 成功

成功管理时间的战略，我们有以下建议：

·时间和战略匹配——你会和许多潜在的商业伙伴和供应商接触，包括讨论、交易、签订合同、收购等活动。这里有一条金科玉律，不要因此而与任何人进行任何会议。你必须仔细考虑对方是否有任何可信的战略相匹配。可以初步通过简单的电话交流来进行过滤。

·授权——将尽可能多的问题委托给你的团队，确保他们有清晰的权限限制，并将你视为最后一个而不是第一个决策人。

·清晰的议程——尽可能确保你的会议有明确的议程，如果需要后续行动，请做好会议记录。这样的会议将井井有条，不会杂乱无章。会议之所以会浪费掉大量的时间，这并不是因为组织里有太多的人需要交流互动，而是因为组织允许他们进行会议的时间太长。

而你永远不会找到一个喜欢冗长会议的人！

·价值——你必须问问自己，是否每一次的会议，或者与人的每一次互动，你都为其增加了价值。你会惊讶地发现，如果你遵循了领导力的优先事项，你需要参与的事情要比你预期的更少！

最后一个想法。我们有一个根本的解决方法：对管理时间的基本方法进行反思。我们可以正常规划每一天（主要问题或紧急情况除外），好让早晨的时间避开安排好的活动。同样，也可以让空闲时间避开你的个人工作，例如发送邮件、做汇报、接/打电话、准备工作以及同事沟通等事情。下午的时间通常用于计划好的会议和互动。

接受以上观点的领导有可能会发现，如果对优先事项有清晰的认识，他们可支配的时间会远比想象的要多！

领导者衡量成功的标准

·每天保留2小时至3小时的可支配时间。

·你的会议遵循时间安排，很少改期。

·在没有阅读已分发文件的情况下，你不提前出席会议。

● 易犯的错误

如果以下混乱的事情发生了，你应该有所警觉：

·你弄错开会的地点；

·你完全忘记了开会这件事；

·你在开会时睡着；

·你的助理（如果有的话）与你有不同的会议日历，即使你们都在使用同一种邮箱；

·你对讨论毫无准备，必须有人提醒你讨论的内容。

如果以上其中有一件事情说中了，那么你需要退一步思考，重新对自己进行评估。

● 领导者的检查清单

·明确你作为领导者的角色，实际上领导者仅负责少数的核心优先事项。

·对于非战略性问题，不要预留太多时间。

·关注与直接下属共处时间的质量，最好少见，也不要浪费过多时间。

·正式会议必须把握好结构和重点，领导者很容易在会议上浪费时间，没有人会喜欢毫无重点的冗长会议。

·考虑一个激进的策略。日常规划中没有明确的时间段安排并没有错。

你和你的老板

这是你工作中最重要的关系，它决定你的表现、职业发展和幸福度。

频率：可能是不定期会议

主要参与者：只有你们两个！

领导力等级：☆☆☆☆☆

● **目标**

任何一个聪明的领导者对待直属经理都有自己的策略。它关乎理解、约定和期望管理。同样，老板希望从你身上得到的，与你希望从下属身上得到的基本没有差别。

- ·就既定问题进行清晰、真诚的沟通；
- ·提防与绩效、风险和名誉相关的潜在问题；
- ·按照商定的时间表定期传递信息；
- ·传递商定的运营目标。

任何一位直属经理都要评估各自领域中的期望和界限，然而他们所要求的汇报方式不尽相同。例如，有的要求定期的书面报告，有的则是定期的口头汇报，有的只要求在特殊的情况下沟通。你的任务是评估事实，而不是要求以你偏好的方式汇报。

目标的关键在于必须向你的上司提供答案，提出补救措施，而非提出问题，你始终是一个解决问题的人，而不是制造问题的人。这样你的老板会视你为有用的资源，而不是一个需要控制的麻烦。

● 环境

你遇到的任何一位直属经理都有自己的一系列问题，你可能并不完全了解这些问题：

· 职业抱负；

· 与自己上司的关系；

· 绩效目标；

· 与同事的关系和职场政治；

· 资源竞争。

以上几点将影响你的关系和判断。因此，对你来说，最明智的方法是找出你认为的问题所在，并规划策略加以支持。另一种（短视的）方法是从老板的角度来看待所有问题，这有可能会使你疏远支持你的人。听起来颇具政治性，确实，你的上司级别越高，就越具政治色彩。

● 挑战

当你发现难以与老板建立有效的关系时，那么你正在面临最大的挑战：

· 你感觉难以预测老板的要求；

· 你无论做什么都不能赢得赞赏；

· 你觉得你们的关系缺乏同理心。

当然，你并不是为了和员工或者老板成为朋友而工作的。因此你得接受这样一个事实，那就是在某些场合下，你与别人的关系会比与老板的关系更好。要与老板建立以信任为基础的关系，你需要先拿出成绩。因此你应该确保：

· 你和你的老板都很清楚整体的愿景和方向；

· 你了解你的老板喜欢什么样的沟通方式和沟通频率（这可能与他们实际说的不一样）；

· 你要做的是提出解决办法而不是提出问题；

· 你要确保在别人看来你非常努力。

● **成功**

要与直属经理建立成功的关系，关键在于你对期望有一个清晰、明确的理解，并传达了你的期望。目标不应该是"开始"，成功的人际关系更可能产生于完成目标，而不是提出目标。

你与老板的关系很可能会在以下基础上取得成功：

· 目标——要确保你有一套明确的、一致的目标。

· 更新——定期以老板偏爱的方式向老板汇报目标的进展情况。

·交付——证明（特别是在财务业绩方面）自己是以业绩和交付为导向，不轻易接受不佳表现。

·解决办法——发现问题即刻提出来，并证明你希望提供解决方案。

·建议——意识到需要帮助的时候，你会寻求帮助或建议。

·关系——管理内外部关系时考虑老板的名誉（不会产生负面反馈）。

·顺序——调整各种领导策略，以确保你能反映出老板的优先级，并且不会让其他员工感觉你们之间缺乏一致性。

·价值——与别人打交道时，你会反映出老板的价值观。

你不是什么代理人，也不是复读机。最成功的关系是以共同的价值观和目标为基础，它们是通过互补且独特的风格和个性来实现的。

领导者衡量成功的标准

·老板给你积极的反馈。

·老板给你额外的任务和责任。

·老板要求你代替他参加会议或参与讨论。

● **易犯的错误**

和老板的关系一旦受损，修复则需要相当长的时间。因此必须将"积极管理"老板的关系列在"关键任务"清单上。虽然这在一定程度上取决于老板和组织的具体性质，但还是有一些应该注意避免犯的错误：

· 未能采取果断的行动处理销售问题或成本绩效问题；

· 未能完成特别要求的任务；

· 未能以老板示范的方式沟通；

· 未能及早将关键业绩或人事问题汇报老板；

· 未能让老板参与和其他人的讨论。这里需要注意敏感性的问题，你的老板总会对一些同事特别敏感。

以上都是失败的例子，你在被管理的同时，也有同样的职责管理你的老板。

● **领导者的检查清单**

· 将自己定位为问题的解决者，总是能伴随着问题提出一个可能的解决方案；

· 理解老板运作的框架和限制（通常是政治性的），如果需要的话，试着将老板的方法脉络化；

· 关注业绩表现，将自己的角色视为期望交付者；

· 确保领导策略中反映了老板的优先级和价值观。

第二部分

构建愿景是创造伟大的第一步

无论你领导的团队规模有多大，你必须确认你所有的员工是因为什么选择在这个团队，尤其是：

·组织成立的理由——愿景；

·实现愿景的计划——战略；

·最重要的活动——优先事项。

以上几个方面非常重要，因为在所有团队中，最终的绩效是每个团队成员所采取的所有具体行动的总和，当每个人都朝着相同的方向和目标迈进时，绩效总是会得到提高。这听起来很容易理解，但你千万不要忘记，愿景和战略不仅仅是商业计划中包含的一系列声明，也可能是办公室里高挂的横幅。如果愿景和战略有意义，那么它们必须转化为所有职能部门中所有团队的活动。要做到这一点，愿景和战略必须清晰明确，难以描述的愿景和战略不太可能赢得人心！

你作为领导的角色很重要。我已经描述过，作为一个领导者，你的一言一行是如何被严格监督的。要在团队或组织中嵌入愿景和战略，必须将你的行为朝着积极的方面发展。你要发展所谓的"领导准则"，即一系列关于组织的定位声明，你需要特别重复，并且在众多领导行为中明确表达。你必须确保愿景和战略被大家理解，并被大家接受——认为它们是组织的生命线。

　　全球化贸易带来各异的经济、法律和文化动态，你必须时刻保持敏感。无论你在哪里带领团队，沟通方法至关重要。你必须比你认为的必要次数更频繁地重复愿景和战略。即使你觉得自己说得太多了也要继续，重复你的目标再多也不为过！

　　你要将愿景和战略放到优先考虑的位置，并确保你和团队的行动都在朝着成功迈进。

制定和出售愿景

愿景只是简单陈述了一个组织或团队存在的原因。它为组织的价值观和行动提供了一个框架。要想它有效果，就必须"出售"它，必须说服员工认识到他们与组织愿景之间的关系。

频率：比你想象的要频繁！

主要参与者：所有员工

领导力等级：☆☆☆☆☆☆☆

● 目标

作为一位有效的领导者，你必须承认，团队或组织需要知道自己代表着什么。它们需要一种整体身份感。这种身份感可以用三种基本部分来描述。你的团队需要：

· 能够定义自己，知道并说出它代表着什么；

· 了解它的去向；

· 知道如何衡量成功。

这种自我定义为战略、业务活动和绩效评估提供了一个激励框架。你有明确的责任用简单易懂的术语来表述这一愿景，这种愿景通常可以（也应该可以）用短语或句子来表达。

愿景的概念对于更大型组织的团队领导来说同样重要，他们的职责是将整个组织的愿景转化为更小单位的愿景。

愿景一旦确定，就必须要成功出售。在各种形式的沟通中重复你的愿景，保证足够的频率和信念，证明它确实支撑了组织的日常活动。

作为领导者，你的目标是确保大家认同愿景的重要性。你必须创造一个激励人心的清晰的愿景，然后坚持不懈地倡导它。

● **环境**

领导者组织团队无一例外都是为了提供业绩。因此必须制定组织结构、职务说明、年度目标、个人发展计划、年度奖金计划、具体的奖励以及更多的内容，以最大限度地提高绩效。在明确的问责制框架内招聘最优秀的员工，使他们能够实现目标，从而获得适当回报。

提供愿景等于提供了一个指导性声明：

· 团队成员找到动力；

· 将所有绩效行动绑定在一起。

如此一来，愿景创造了某种真实的东西，它不仅仅是一系列的词语或愿望。它是使所有工作人员在一个共同目标下，为了相互关联的行动而团结起来的统一标准。

你必须对愿景的价值充满信心，因为愿景本身可能不会阐明具体的绩效指标。你必须明白，作为激励和指导所有员工的手段，表达概括性的愿景有时会带来无形的价值。

● 挑战

人们经常过多地关注创造愿景，而忽视对愿景的沟通，更别说"出售"了。愿景只有在人们频繁看到它，听见它，然后相信它，才能产生影响（即支持所有的业绩行动）。例如，它不可能只是简单地作为报表或者年度业务计划中开头的声明，然后就被归档封存。

你必须为你选择的愿景制定一个以出售它为重点的传播策略。也就是热情的宣传式沟通，而不只是被动的出版物。因此，你必须定期在以下场合提起你的愿景：

· 团队或员工会议；

· 定期给员工的书面更新报告；

· 团队的业务通信；

· 内外部的网站；

· 内外部的介绍；

· 新闻采访（如果适用）；

· 121 秒和非正式谈话；

· 其他机会。

这里的关键是不断重复，永远不要因为过分或过多地重复你的愿景而感到不适。只有不断地重复它，而不仅仅作为经理短暂演讲上的一个例子，人们才会把愿景当回事。

● 成功

只有时间才能告诉你为组织设定的愿景是否能够实现。在不久的将来，如果个人的努力经受得起彻底的压力测试和计划，那么你将很可能为成功奠定基础。

一个绝对的先决条件是你的愿景必须基于你的信念和价值观。它不能是你引用的观点，或者是其他人的创造。

成功有以下关键步骤：

·"愿景"带有个人色彩。愿景必须基于你个人的直觉，即使你和他人讨论过，即使你咨询过他人。我不认为成功的愿景是由委员会制定的，也不一定是通过协商达成的。即使你的愿景源于团队性、集体性的反思（也许在某些情况下使用了外部顾问的资源），但是愿景的具体表达必须是你自己的选择。

·对提出的愿景进行测试。愿景值得在一小群值得信任的同事身上试验，以测试愿景可能引起的总体反应以及愿景的表述方式是否妥当。如果愿景是模糊不清、晦涩难懂和不可重复的，那么它就等于空谈。

·提出的愿景简单明了。理想情况下愿景就是一个简单的短语或句子，而不是一系列的段落。

·有计划安排最初的沟通。我们需要仔细分析如何沟通愿景，特别是在愿景与一系列内外部目标群体相关联的情况下。被涉及者越多，计划就越复杂。你必须确保在恰当的时间里，以正确的顺序与所有的被涉及者进行沟通。

· 保持有计划性、密集性的持续沟通。愿景启动无非就是这样，这是一个开始。真正的考验是如何在很长一段时间内保持它的传播和散布。你必须制订计划并加以重复。你还必须训练自己抓住每一个机会，尤其是面对面的接触机会，以强化关键的愿景信息。

· 精炼沟通的信息。不应该认为沟通是经过精心策划的，它就不可能改进。如果通过重复的行为产生了沟通关键信息的更好的方式，那么它就应该被接受。

· 根据愿景进行年度计划和战略计划评估。愿景不仅是经常传递的口头禅，它还必须是评估长期计划和年度计划的试金石。

领导者衡量成功的标准

· 存在愿景，并且有文件对其进行描述。
· 你经常在会议、报告和121秒中提到它。
· 员工可以描述它（如果在员工"气候调查"过程中被问及），它会出现在组织的内联网和外部网站上。

● 易犯的错误

以下四个主要方面会削弱愿景。

·愿景太长或太复杂。很简单，即愿景难以被理解，难以解释和不可重复。

·愿景明显与当前的商业现实相左。你的主要责任是使团队明确地朝着可实现的目标前进。愿景远离现实就会缺乏可信度。

·领导者没有定期传达愿景。低频的沟通会暗示愿景只是领导者一个短时的爱好，或者只是一个领导者用于完成管理规划进程的工具。

·你认为愿景与你无关。如果你让人觉得组织的整体愿景与你的小团队无关，那么你的战略"背叛"就有可能使团队无法与组织的宏观目标保持一致。

领导者的检查清单

· 扪心自问，你负责的组织或团队是否拥有愿景。你的愿景清晰吗？你是否在传递愿景？它是否需要更新？

· 如果以上问题的答案都是否定的，那么请启动流程，形成愿景。

· 如果你正在创造一个愿景，请确保你在游说他人时，愿景的本质和表达带有你个人的印记。

· 检查愿景的长度。太长的愿景，它就缺乏简单性和有效性，应该缩减长度！

· 确保在所有合适的通信媒体中都提到了愿景，并亲自监督愿景的沟通计划。

· 训练自己利用一切机会强化与愿景相关的重要信息。

领导战略

战略是一个系统的计划，旨在使组织实现其目标。你在战略制定中扮演着关键的角色，其中关键的是，你要保持对战略的专注。

频率：年度回顾，持续强化

主要参与者：你的领导团队

领导力等级：☆☆☆☆☆☆

● 目标

组织为自己制定了明确的愿景之后，也要相应地制定一个战略。战略是规定组织关键目标以及如何实现关键目标的清晰计划。

要以综合的日常方式管理组织，实现各项目标，就需要制订一项战略计划，规定关键的优先事项和活动。这些活动将是所有小组个别计划所关注的重点范围，包括：

·有机投资；

·收购和伙伴关系；

·销售、营销和品牌；

·人力资源开发；

·管理接班人计划；

·外部环境与利益相关者管理。

由于战略计划是许多未来行动和决策的框架和基准，作为领导者，你必须确保组织的战略具有以下三个关键特征：

·清晰——战略必须是可被理解，容易重复的，以便它可以很容易地被传达。

·现实主义——战略必须以组织运作所处的商业环境现实为基础。

·成就感——战略必须是可以实现的，因为任何不现实的东西都没有信誉可言。

战略计划符合以上标准，员工才有动力支持它们，你才能够调动一切有用的人力资源来实现你的目标。

作为领导者，你的目标是制定一个可实现的战略。你必须通过其清晰度、现实性和可实现性来激励你的员工。

● 环境

要使组织或团队有效运作，需要为它们指引方向。但这不意味着告诉员工要做什么事情，而是让他们决定自己的行动是否合适，是否有意义。

这种自我指导并不仅仅意味着朝总体愿景努力，事实上它有时还会与日常活动和决策脱节。战略提供了方向，它使人们关注活动的层次体系，例如：

·每周、月度、季度和年度目标；

·优先考虑新市场的进入计划；

·实现目标的优先次序；

·确定优先次序和项目选择；

·商业伙伴的选择。

你始终需要在有效和无效之间做出明确的选择：

·有效的战略方向——你的团队的所有活动都与人们共同理解的战略目标一致。

·无效的战略方向——优先事项因团队和时间而异，有时甚至只是心血来潮。

即使是在以"臭鼬工作室"闻名的组织（3M 公司以及最近的谷歌公司），分配给创业型企业做白日梦的时间也严格受到优先事项的限制。战略的有效实施需要具有清晰而残忍的领悟力，即所有活动都必须协调一致，否则，组织将受到战略偏移的破坏，即目标在不断变化。

● **挑战**

当你面临快速变化的商业环境时，特别是 2009—2010 年经历的持续经济动荡，我们见证了商业活动在前所未有地快速下降，战略有时似乎难以坚持下去。

然而，处理这种情况最有效办法是将战略看作是一种支持，而不是沉重的负担。如果关于市场机会的战略观点是正确的，那么你会明白（举一个例子）：

·你正计划在特定的业务领域中获取短期销售和利润，因此必须有一个（计划的）退出战略；

·或者，你正在做长期投资，必要的话，也应该有短期财务改善策略。

战略的设定是为了调节按计划和不按计划进行的业绩活动，它将更有成效。这里的精髓是风险管理和对学习的敏感性：

·风险管理——战略计划应该明确面对意外情况时可能需要采取的行动（例如，销售或利润偏离目标值）。

·对学习的敏感性——组织必须具备市场"天线"，使其不仅仅能追求商定的战略，还能够对不断变化的环境进行检测和反应。

战略决断并不排除反应能力。事实上，最成功的战略是那些具有内在灵活性的战略。

● **成功**

战略规划总是遵循特定的指导方针和过程，它因组织而异。然而，要成功地领导战略，就要有一套以市场和人为导向的核心方法：

·员工参与——负责战略规划的团队应该在固定的时间表中明确具体的责任。

·不设界限——在组织商定的愿景和目标中，对战略规划有一个明确的要求，那就是任何想法都不能仅仅因为它是崭新的，或者因为它是此前提及被否决的而遭到反驳。

· 市场分析和不可预测性——无论是分析产品类别还是地理位置，制定战略时都应该"想人之所不能想"；不应该假设当前的参数可以无限期地适用。

· 范式的转变——应该对范式的转变进行特定的探索，这从根本上改变了特定业务领域的贸易条件。如果没有出现这种可能，那么应该再次重复搜索，你会发现，这种情况确实存在！

· 进入地理市场——如果你的组织正在考虑进入一个新的地理市场，它应该确定潜在的有形和无形障碍，并与该市场的专家进行验证；它不应该只在远处做出市场假设。

· 进入产品市场——如果一项战略计划包括推出新的产品类别，那么审查战略的过程不仅要考虑今天看到的机会，而且还要根据市场格局推断可能发生的变化，特别是竞争者的反应带来的影响。

· 竞争对手分析——针对竞争对手的SWOT分析［即基于内外部竞争环境和竞争条件下的态势分析，S（strengths）是优势、W（weaknesses）是劣势，O（opportunities）是机会、T（threats）是威胁。——译者注］应该根据内部观点和竞争对手的观点完成。评审过程应尝试评估竞争对手对新进入者活动的反应。

· 供应商分析——对供应商的审查不仅是为了降低成本（当然这点是很重要的），还应该考虑到组织在供应商问题上的脆弱性。

供应商来源的减少可能是一个脆弱的环节！

·人力资源和能力——没有人去执行，战略中的任何事情都不会发生，而检验战略计划能否实现的一个关键试金石就是机会与人才能力的匹配。

·价值定位——不管竞争是基于价格还是价值，清晰性都是至关重要的。这些波特式的特征仍然和以前一样有效，并推动产品、成本和营销的所有方面产生关键的假设。

·商标和营销执行——这些都不是消费品市场的专属；客户如何了解产品和服务的方式是任何战略计划的关键组成部分。

·技术和创新——关键不在于技术能否改变你的活动，而在于如何改变你的行为。

·财务规划——战略必须挑战所有价格和成本假设的基础，特别是组织最熟悉的那些假设。因熟悉而产生的自满情绪，会带来最高的风险。

·应急计划——战略计划应该为突发事件和问题做好准备；它不应该假设执行和市场环境都是完美的。可以用差异高达 25% 的数据来对财务预估进行压力测试。

·发展里程碑——战略计划不是开始到结束的过程，它们有重要的交付阶段。应该设有发展的里程碑，以便评估进展情况。

·非承诺选项——发展选项应该保留在战略计划中，它代表计划承诺以外的潜在增长动力。

成功的战略规划，往往是由领导者的关键团队，在远离办公室和琐事的放松日里通过头脑风暴促成的。

领导者衡量成功的标准

· 每年审查一次战略计划。

· 实现了关键的发展里程碑。

· 企业销售增长超过了行业平均水平——市场份额正在增长。

● 易犯的错误

假如不考虑上文"成功的标准"中列出来的事项，你显然就掉进战略的陷阱里了。但还有一些是特别值得强调，不应该犯错的因素：

· 局部战略——将战略看作是创造产品和 / 或进入市场的根本，而没有给予传达战略应有的重视，特别是在开发、销售和营销领域。实则是低估了推动战略前进所需的努力。

· 过度制定战略——包括在战略中同时启动太多计划。这里的错误在于假设了存在的机会是相关联的以及不愿在机会之间做出艰难的选择。

· 新市场的盲目性——低估了市场的进入壁垒（尤其是无形的壁垒），对销售增长做出过于乐观的预测。

· 商业模式的盲目性——不能理解一个新商业模式的动态，可能包括将它向更为熟悉的模型转移（即使是潜意识中）。

·不正确或不一致的价值主张——没有明确竞争是基于价格还是价值，并将两者混淆，导致竞争定位混乱。

·忽视人的重要性——认为员工是成功交付的附属品，而不是有助于成功的重要部分。

在战略上，风险和鲁莽，野心与狂妄之间的平衡总是比表面上的要理想。作为领导者，你必须学会承担必要但可控的风险。

● **领导者的检查清单**

·记住，这是一个团队——你要去授权，而不是替别人做决定。

·商定明确、现实和可实现的战略目标。

·不要忘记，战略规划是多面向的，既需要企业家精神，也需要对交付做承诺。

·确保员工的形象不受影响——你的员工和他们的能力为成功交付做出了最重要的贡献。

·避免过度的战略规划，或者低估与当前目标相关的挑战。

·让你的组织成为一个学习型组织——确保你有"触角"，能敏锐地发现市场变化并对其做出反应。

·时刻保持专注——不要让自己或你的团队被有趣但无关紧要的活动分散注意力。

领导力优先事项

领导者会很容易从优先事项中转移注意力。要专注于优先事项，你必须知道它们是什么。

频率：不停地！

主要参与者：直接下属

领导等级：☆☆☆☆☆☆

● 目标

有时，团队的领导者在进行优先事项的活动时，会不断面临来自其他方面的挑战，会不断地面临对于优先事项的挑战。例如，应对没完没了的日常事务、处理突发事件、参与组织计划中的会议和报告、处理电子邮件、与直接下属沟通和应酬关键合作伙伴和客户。

对于你和自身的表现来说，最大的风险是你允许自己被事情影响，左右自己的感受以及对接下来的事情做出过激反应。不得不承认，这种失控的感觉令人生厌，你需要学会去辨识它。战略性的解决方案是评审时间管理策略。然而，如果你不清楚时间管理的目的是什么，那么不必谈时间管理的方法，更不必谈有效的时间管理方法。

你必须有一个依据实际而制定的领导力优先事项框架，以明确如何选择投入多少时间和精力。

● 环境

在执行愿景和战略中，日常的优先事项是最实际的表达。正是基于这一点，你对自己的看法将影响你定义和管理团队的方式。所以，在排列优先级时，您可以结合运用以下方面：

·升华的组织愿景；

·对目标持续关注；

·不断提醒自己核心策略；

·你的领导形象；

·用以领导和激励团队的信息；

·关注业绩的交付。

这仍然有一个始终存在的问题，即如何确保以上因素保持平衡，确保你不会被其他事件影响，转而投入善意但无关紧要的活动。

● 挑战

这里存在一个可想而知的挑战，即领导力如何与管理相联系以及作为领导者，你在多大程度上将管理视为职责的一部分。

·管理者是职位、等级和进程的把控者。组织所雇用的职位之一，依照其定义，就包括了管理的职责；他们正式或非正式等级制度中被确认为管理部门，要求参与特定的人力资源程序。一个管理者可能有，也可能没有负责管理其他人的直线经理。大多数同事都知道自己的经理是谁，他们会认识到好的经理能有效地完成特定工作和组织的任务，例如，他们会按时组织评估，并忠实地记录结果。

·而作为一个领导者，需要通过人准确地关注交付，顾名思义，领导者要去领导。领导者对自己想要达到的目标以及所采取的方式都有明确的看法，通过对组织结构和员工做出少量的关键决定，并坚持不懈地、准确地告知他们对待日常商务活动的方式，让所有员工都能在适当的激励下表现出色。

从本质上来说，管理者是关于你如何看待自己；领导者是关于你如何看待他人。

你需要成为一名有效的管理者来处理公司和团队中必要的流程和管理。但是，如果将愿景、目标和战略加以考虑，那么你首先是领导者，其次才是管理者。

● **成功**

作为一个成功的领导者，你要意识到实际上有六个关键的优先事项，它们会告诉你如何利用好时间。

·制定和传达一个清晰的愿景和战略——你的团队需要清晰的目标感。他们需要一个通盘计划。因而你要不断地提倡、推广和引用核心愿景和战略。不断强化会使愿景和战略的可信度最大化。

·实施支持性的机构制度——评估团队或组织的结构，确保它把重点放在交付目标所需的能力上。你的主要目标是建立一个能给团队带来最大成功机会的架构。这实际上可能会导致活动全面减少。许多团队表现不佳的原因,是他们错误地认为自己的能力是无限的,导致没有关注真正重要的事情标准。

·以能力和价值观为衡量标准,严格地填补结构中的关键职位。曾经有人告诉我,"要把合适的人放在合适的职位上,而不是让职位去适应人"。这是真理,而且你很容易忽视它!你不会想去克隆自己,相反,你会希望拥有一个个性独特的团队。你确实希望他们分享你的价值观,并在对待问题上采取你的立场。但你不寻求创造统一,而是追求共同的目标。如果在这个层面上你不能信任你的团队,那么你将无法有效地委派任务和授权。

·建立一个互补的决策结构——你的团队必须知道决策是如何产生的,谁需要参与决策,他们有权力决定什么。这是个人赋权和团队建设的根本支柱。你所做的决定和你做出决定的方式,对你所创建的团队类型以及每个人的认同感有着重要的影响。

·持续监控业绩——每周、每月、每季度对业务商定的财务、运营和服务里程碑进行评估。这些里程碑和针对它们的实际完成情况是公开透明的。

·无休止的激励——尽你所能让你的团队感到被尊重、被重视,并有能力实现他们的目标。

领导者衡量成功的标准

战略计划中规定的里程碑取得进展。

待决事项的积压量不多——也许你可以在每周的管理会议上追踪情况。

实现并超额完成每周、季度和年度目标。

● **易犯的错误**

通常，将重点放在既定任务上的风险不大。然而，每一位领导人都必须谨防落入以下两大陷阱。

· 对战略格局的变化视而不见——过于关注交付与商定的任务和目标，以至于忽略了市场（以及目标）的变化。

· 忽略重要但非优先的问题——过于关注关键的战略任务，以至于忽略了那些需要管理层关注但似乎很遥远的问题，而这些问题如果得不到解决，实际上可能会引发更严重的问题。

这可能很难去实现平衡。随着时间的推移和经验的积累，最优秀的领导者会发展出极为灵敏的"天线"来接收警告信号，并防止自己落入这两个陷阱。

● **领导者的检查清单**

· 时刻提醒自己六个领导力的优先事项；

· 准备更频繁地表达和强化愿景和策略；

· 经常检查组织的结构，以确保它提供了对商业机会的关注；

· 经常检查团队的适当性和它对于目标的表现；

· 定期评估你的决策结构是否使你能够做出必要的决定，并保证决策的及时性；

· 征求关于你个人表现的反馈，检查你的团队是否得到了授权和激励去做到最好。

第三部分

你的团队比你更专业

没有什么比领导团队及其行为方式更能定义领导者了。当然，领导者们会制定自己的议程，而且通常带有独特的个人印记，然而他们的团队更广泛地体现了他们的目标及其实现方式。

因此，作为一个领导者，你如何创建一个团队、你希望它关注什么、你希望它包含什么样的技能组合、它作为团队和作为领导特使小组如何整体或单独运作都是绝对至关重要的。尽管它可能不会立即实现。我们中的许多人会与现有的团队对抗，这会花费我们一些时间，既是为了建立我们想要的团队类型，也是为了确定我们希望对现有团队进行哪些改造。

一旦团队形成，作为领导者，我们如何管理团队就变得同样重要：我们期望什么样的行为，我们遵循何种正式和非正式的规则，以及我们如何共同努力，来让团队和个人表现更出色。

了解自身角色的领导人很大程度上能够实现以上几个方面。通过定期的 121 秒，他们能够检测业绩，确保关键的行动和计划与既定的核心战略目标保持一致。通过定期的、个人的接触，他们能够设定基调，并且随着时间的推移，将这种基调遍及整个组织。此外，谦逊的领导人能更大程度地实现以上目标。他们认识到自己只是众多领导者中的一员；他们的核心角色是成为众多天才的指挥者。

管理这样一个团队，既要有果断的正面领导，又要有脚踏实地的谦卑。这是一种平衡，很少有人能做到，但值得称道。

组建领导团队

你的领导团队是你关键的直接下属团队，你大部分时间都会和他们在一起，选择领导团队并定义他们的角色，是你的优先事项之一。

频率：周期性，但可能比你预期的更频繁

主要参与者：在这个问题上你主要靠自己

领导力评级：☆☆☆☆☆☆

● 目标

首先，我们先明确一下领导团队不是什么。

· 它不是选择个人；

· 它不是确定谁参加管理层会议；

· 它不是决定谁将获得何种职位。

以上任何或全部都可能是结果。然而，组建一个领导团队，最关键的是要从客户以及团队与客户的接触开始。或许你的职责涵盖所有职能部门的业务，或许你只单独负责客户服务。你的客户也许来自外部，也许来自内部。无论哪种方式，你的首要任务都是分析客户界面的关键点，并评估你的结构是否反映了客户的需求和优先级。在这样做的时候，你还要考虑这些需求是否与必要的能力和资源相匹配。

这种方法将产生对组织的结构的反思。不管它是否需要改变，它都应该被审查，由此会带来主人的意识；只有这样，关键的领导角色才应该被定义（或重新定义）。最后一个阶段是评估每个角色所需的技能以及这个相匹配的过程是否会涉及对现有人员的改变。

这是一个绝对的先决条件，以满足组织的市场需求以及你将合适的人匹配到岗，而不是将工作分配到人。

你的目标是确保拥有一个面向客户恰到好处的结构，让你的直接下属匹配他们的工作，而不是要工作匹配他们。

● **环境**

其他几个因素也会影响你对领导团队的看法和评价。

·关于愿景、战略和目标的广泛问题——这些是否需要进行结构性审查？

·针对战略评估的特殊计划时间表——这些如何与你团队的时间表相关联？

·当前的经营业绩——这是否意味着非战略团队的变化？

·立即评估你接手的员工——这是否会引发团队的担忧？

·在多大程度上实施广泛的改革方案——这些对领导团队的结构和组成是否有影响？

·公司人才的总体看法——是否有战略的观点认为，需要对团队进行超出需求的技能审查?

管理和平衡这些因素要求领导者极具务实思想。你从第一天就拥有一个团队,这个团队的组建/改革必须是灵活且持续的。该过程不可能一蹴而就。

● 挑战

你的领导团队不可能是静态的,它拥有内在的不确定性。这里存在一个可能会破坏团队稳定的风险,即团队成员可能会更关心捍卫现有的职位,而不是专注于未来。

你必须坚定和始终如一。从一开始你就应该清晰准确地声明:

· 领导团队不会永远固定不变;

· 领导团队会根据战略和业绩不断对他们进行审查;

· 领导团队将根据市场需求确定;

· 变化是正常的,而非例外。

这也许是你给团队带来的最大挑战——它们同时代表了稳定和变化,既有连续性也有适应性,既有权威,也有脆弱。

为了取得成功,一个组织必须将改变作为一个正常的过程,这同样适用于领导团队的组建、维护和重组。

● 成功

成功组建领导团队的口号是实用主义，承认组建领导团队是一项永不停歇的工作，它很容易受到变化的影响。为了取得最大的成功，你要：

· 把战略放在第一位——理解组织结构和相应的领导团队是战略的工具，而非目的本身。

· 把工作放在人之前——设计一个由成功驱动的结构和团队，而非由你碰巧拥有的人驱动。

· 不要受约束——改变你接手团队的组成和成员。

· 保持个人距离——要记住，过分友好的关系会影响做出关于结构和团队的艰难决定的能力。

· 灵活变通——随着企业不断适应市场环境，领导团队的结构和成员也不断变化。

· 听取建议——从具有组织设计经验的人，比如人力资源专业人士那里获取建议。

· 试探直线经理的意见——让他们保持在同一个圈子里，以防意外。

在任何时候，领导团队都是你的团队。你创造了它，你需要对它进行塑造，为它赋予意义。有了这种控制，就有了最终的责任感。

领导者衡量成功的标准

在担任新的领导角色后的三个月内，对你的领导班子的结构和组成进行评估。

在年度战略规划过程中，对领导团队的结构进行评估。

讨论你的团队结构和成员是否恰当。

至少每六个月与老板讨论一次团队结构及其成员的适当性。

● 易犯的错误

你必须意识到：

·不要将结构和战略分离，否则将损害战略的可信度，并导致对重点的不确定；

·没有经常审查结构，维持结构和团队的稳定可能令人感到舒适，但是如果它们维持的时间太长，可能会拖累运营和业绩；

·不承认结构本身会导致糟糕的业绩——糟糕的结构设计和招聘本身会导致糟糕的业绩，否则就可能被错误地归咎于其他因素。

我已经多次指出，领导者不应该设计结构使其适合他的团队成员。更可怕的潜在危险是，领导者不以业绩为依据决定新任命。这包括任命以前共事过的旧同事。在某种程度上，要做到根据业绩任命不容易，因为旧同事会带来一种需要多年才能建立起来的信任关系，所以领导者经常会在他们之间寻找支撑点，但是你应该保持警惕，不要给这些熟识的同事提供优先的职位或权限。这可能会造成分裂，让你面临诚信方面的挑战。

● 领导者的检查清单

· 战略第一，结构第二，角色第三，人员选择第四！

· 先设计好你的结构，然后再确定相关的工作——不要为了适合工作而制定一个结构。

· 不断提醒你的领导团队，你是变革的推动者，没有什么是神圣不可侵犯的，包括他们所在团队的结构。

· 学会辨识那些因为结构或团队成员无效而造成的问题，使之与因过程因素造成的问题区别开来。

领导你的领导团队

和其他团队一样，领导团队同样需要操作规则以达到有效运作。

频率：持续不断的每周例会

主要参与者：直接下属

领导力等级：☆☆☆☆

● **目标**

你的领导团队至关重要。

·你依靠每一位团队成员来体现核心价值，并由他们向各自的团队解释核心行动；

·你依靠每一位团队成员真诚地提出你需要注意的重要问题；

·领导团队是一个重要的支持机制，可以帮助你保持与关键客户（例如合作伙伴、供应商，尤其是你自己的老板）的信誉；

·你选择让谁加入你的团队以及你管理团队的办法，都是你向整个组织传递动机、承诺、行动和价值观的重要信号；

·高层领导团队的凝聚力，在巩固组织的愿景和战略可信度方面发挥着关键作用；

·团队的工作方式，例如沟通、互动以及展示的方式，为组织设定了一种基调和标准，组织成员会无意识地遵循这些规则；

·你需要意识到，在某些方面，你的高级领导团队中的每个成员都是个人大使，他们的行动会反映出你的意志。

因此，你的团队是你个人的重要延伸。如何管理这批个人大使，成为影响整体绩效的一个关键点。

你的目标是领导你的团队，创造一个能够完全代表同一目标、战略和价值的团队。

● 环境

当团队成员被视为各自领域的权威时，团队的工作才最有效。在某种程度上，它决定了你的领导方式：你必须谦虚地承认，每一位直接下属都应该比你更擅长他们各自的领域。你应该明白，你的角色不是成为一位全能专家，也不是要在各行业称王，而是让你的团队成员成为明星。要使这个方法可信，你可以从以下方面着手：

·尊重团队成员的专业知识。你可以质疑他们的推论过程，但不应质疑他们的专业知识；

·在公开场合承认自己并非专家。

在解决问题的过程中，广泛地授权给团队成员。一个有效的领导者总是能协助团队成员解决问题。因为，一旦你被认为是解决问题的首选者，你就会创造出一种依赖的文化，破坏团队成员的专业性，并随之影响整个团队的有效性。将责任首先委派给团队成员，并表明你是解决问题的最后参与者,会让团队成员的自尊得到满足,使他们在组织中挣到面子。然而有的时候,这意味着你要接受自己不赞同的决策,不过,相比于决策可能存在的缺陷,让团队成员懂得承担责任更重要。

● 挑战

团队面临的最大挑战是管理冲突。公开、有建设性的意见分歧是健康的,应该予以鼓励。那些明显相左,并且会因为激烈争辩而激化出更多问题,使焦点偏离问题本身的意见,才应该加以阻止。在这种情况下,你必须迅速切入,找出真正的差异点,并挑战争议者,使问题根据你对事实的重新提炼得到解决。理想的结果是通过一项决议得出解决方案。在这方面,正如团队管理的各个方面一样,有效的领导者知道如何推进以及何时推进。

● 成功

团队要想高效,必须实践起来,不要仅仅停留在口头上。你可以采用许多技巧来确保团队有效运作。

·定期会议:团队应召开定期会议,最好每周一次,固定日期。这类会议应该以问题为基础,并且严格限制时间。会议开始时,应该明确基本规则。其中一个关键规则是,不应该阻止团队成员对任何主题或功能发表意见。

·议题会议:团队会议应与深入讨论关键问题的会议区别开来。

领导者必须意识到什么时候应该由你亲自主持会议，什么时候应该让部门经理负责，什么时候你可以完全不出席。职能负责人必须得到团队的承认，如果此时你主导过程，可能会损害他们的地位。

·121秒：一个小组会议，作为领导者与直接下属的定期会议的补充，有助于定期监控关键目标的进展，同时也不妨碍对业务和绩效进行广泛的讨论。然而矛盾点在于，121秒是一对一的，它有助于提高团队的整体绩效，得益于它有助于维护团队系列的个人关系。

·放松日：利用工作以外的机会来进行长期的不受打扰的分析和反思，也能加强团队凝聚力。抛开其精确的性质和结构不谈，它们将深化团队联系，促进业绩增长，方法是促成外部思维和建立更牢固的个人关系。

领导者衡量成功的标准

每周安排定期领导团队会议。

定期安排放松日，最好至少每年一次。

每月定期举办121秒。

● 易犯的错误

最重要的是把你的团队当作一个整体。如果团队分解成一组个体，并且朝着不同的方向努力或团队之间相互竞争，那么团队就失去了对绩效交付的必要关注。如果你有以下行为，则需要警惕了：

·被认为区别对待个人；

·随意在一些子团队中做出决定；

·未能定期召开团队会议和其他团队发展活动；

·一贯地忽视同事的建议，采用完全专制的决策风格。

团队发展是困难的。领导者几乎不可避免地在领导团队的发展中经历"形成——冲击——规范"的循环。要避免落入那些最明显的陷阱，需要对团队管理的细节进行不懈地关注。

● 领导者的检查清单

·将团队视为一组个人大使。

·鼓励每个团队成员相信并理解，你会以不同的方式支持他们捍卫客户的需求。

·在常规会议和个人关系中为团队行为设定明确的期望。

·不遗余力地强调自己对团队专业技能的依赖。

·鼓励健康的辩论，但要阻止积怨心态和党派偏见。

·请记住，成功的企业总是大于其各部分的总和，这取决于建设性的合作。

·定期组织社交活动，将团队成员聚集在一个非正式的环境中。即使谈话仍然围绕工作展开，但这种聚会有助于消除大家的工作角色感，达到巩固关系的目的。

·不要让团队成员之间未解决的问题恶化——它会破坏团队的有效性和可信度。

121秒

121秒是两个人之间的定期"更新"会议。它单独地、不间断地进行，是沟通和绩效管理战略的一部分。

频率：一月一次

主要参与者：直接下属

领导力等级：☆☆☆

● 目标

作为一名领导者，你自己有沟通策略。总体目标是确保组织的愿景、目标和战略能够传达给每个人，并保证一定的交流频率和信息的一致性，使其真实可信。向众多的工作人员传达这种信息，艰巨而耗时，但如果要使战略和目标可信，就必须这样做。

要达到高效的业绩，一个关键要素是确保所有团队成员的绩效与其角色的核心目标一致，他们的目标支持团队的战略。

121秒是沟通和绩效管理方面的个人面对面表达。领导者认识到，一个业务单位的有效运作取决于将团队视为整体捆绑在一起，也为成功的一对一个人关系打下基础。

121秒使得沟通更清晰有效，并且得到绩效反馈。

● **环境**

121 秒是沟通和绩效战略的一部分，包括：

· 定期与直接下属见面；

· 通过电子邮件与所有员工进行定期沟通或信息更新；

· 参加定期员工会议——会议的频率取决于组织的规模和地域结构；

· 偶尔为直接下属安排放松日；

· 持续书面和口头反馈；

· 正式的年度评估。

121 秒在沟通个性化、规范化和标准化以及绩效管理方面发挥了关键作用。

● **挑战**

团队里所有成员都会意识到，他们的职位取决于自己的个人表现以及与领导关系的有效性。有些人会试图用独特的观点来改变领导的想法，并希望获得不相称的影响力。对某些领导者而言，这种方法很管用，但它会使得团队不和谐，令团队成员互相对抗，企图从紧张的人际关系中获得效益。另一种方法则具有集体性质，例如看到：

· 平等对待所有的团队成员；

· 一视同仁，尊重每个人提出的意见；

·确保决策过程始终适用于所有团队成员；

·鼓励健康、公开的辩论，在辩论中尊重不同意见，但要严格规范辩论，拒绝恶意辩论。

通过定期举行 121 秒，提供一个结构，满足与团队成员在共同基础上进行定期交流和一致反馈的需要。

● **成功**

有效的 121 秒有四个主要组成部分。

·关于"项目进展"的一般性讨论——这听起来可能有点儿含糊不清，但它为人们提供了一个机会去了解组织和特定某个人的关系。最重要的是，它允许个人提出广泛的忧虑和问题。

·对个人目标的审查——领导者应设定全年的目标，但每个月都对目标进行专门审查不现实。因此，121 秒的确提供了一个选择性审查的机会，这不仅仅能了解员工实现目标的情况，符合领导者的利益，而且也能使绩效问题得到及时的处理。

·讨论当前的具体业务问题——这些问题会因时间而异。这里的关键是你专注于正确的事情，即那些能够增加价值的讨论。它的好处包括：

·让同事看到你在他们的专业领域内的努力；

·利用这个机会学习他人的具体技能和知识；

·你可以利用这个机会加强关键战略的传递；

·你能加强解决问题和达成决策的方法。

·关于下一个级别同事的讨论——即直接下属的直接下属。它会在许多方面带来好处，但主要好处有以下两个：

·定期提供提高业绩的机会，这对你考虑继任规划至关重要；

·就他们面临的业绩问题提供直接咨询。

重要的是，举行 121 秒之后要有书面的行动要点。此类行动应在下一个月的 121 秒举行之前执行。

领导者衡量成功的标准

每年都与直接下属进行 121 秒。

每次会议后都完成了书面记录，并做回顾。

人力资源部门实施了独立的评估，观察是否解决了已知的绩效问题。

● 易犯的错误

121 秒对绩效管理和沟通至关重要，如果缺少执行，或者执行起来不一致，则会破坏你在一系列问题上追求卓越的承诺。关于 121 秒主要防范以下三种风险：

·领导者经常取消 121 秒或者根本不举行 121 秒——为了避免这一点，领导者必须训练自己，让自己意识到 121 秒和财务报表一样重要，并且财务团队要求完成的时间没有商量的余地。

·121 秒缺乏结构和 / 或议程——它们意义不大。你应该始终确保向团队成员提供一个讨论项目列表。

·领导者对个人绩效问题视而不见——提出个人问题可能会让人感到不舒服，但回避会使绩效不佳的可能性增大。因此，如果冲突是一个问题，你应该考虑向人力资源主管提供反馈。

● **领导者的检查清单**

·记住，121 秒会传递一个重要的信号，表明领导者对交流和反馈的承诺，所以至少每个月组织一次，以滚动式推进未来计划至少 6 个月。

·每次至少安排一个小时——时间的不足会限制讨论的详细程度。

·确保为海外的同事也安排了 121 秒（否则他们可能会产生距离感）。你们的 121 秒有更重要的意义，因此，与海外同事进行 121 秒的频率可以增加。

·通过列出讨论的要点，为所有 121 秒做准备，以确保 121 秒有一个结构，包括对上次会议行动项目的审查。

·如果会议包含绩效反馈，你可能会希望与相关的人力资源主管讨论这些问题。个人反馈可能很困难，通过与经验丰富的专业人员一起列举问题，你可以确保你的关注是有根据的，并且测试一下方法的敏感性和有效性。

·鼓励直接下属对你和你的角色给出反馈。相互反馈将创造一种信任的氛围，这反过来将促进对问题进行更开放的讨论。

·在可能的情况下，确保 121 发生在私人环境中，并且不会受到干扰。

你的团队比你更专业

虽然你已经被选为领导者了，但是在大多数方面，你的团队应该比你更专业。

频率：与每一个人的互动！

主要参与者：直接下属

领导力等级：☆☆☆☆☆☆☆

● 目标

无论你负责哪个团队，哪个级别，哪个业务部门，哪个职能部门，绝对不能把领导技能和职业技能混为一谈。领导是一门需要深入理解、发展和实践的艺术，它贯穿于广泛的人际活动中，但它并不能取代业务中任何特定领域要求得极其详细的功能性技能。

我在其他地方已经指出为团队选择合适人员的重要性。挑选过程的核心是确保他们在所处的领域中比你更加专业。保持团队有效性的核心，是在私下与公开场合都认可和宣传他们的卓越技能。

你的目标是成为领导者中的佼佼者，职能专家中的落后者。

● **环境**

有时（也许是经常），要具备拥有这种处理能力的过程是痛苦的。自己做决定，或者把任务委托给推荐人，都比平衡不同群体的知识要简单得多。但是如果你能够正确地运用处理各人能力的方法，团队成员会认为自己在适当的时间做出了贡献。如果你专注于赋权的过程，那么他们就会意识到自己的参与是基于技能和经验，而不是资历、头衔或地位。这会使他们感觉到个人价值得到体现。

有了这种方法，你就会意识到，领导能力并不取决于你的团队。相反，它是关于意识到自身专业职能不如人的谦卑。它不是要求你掌握所有问题的答案，树立榜样，而是通过策划超过平均水平的集体洞察而达到卓越的表现。这意味着，领导力是为了传递一种超常的挑战，有时是为了达到几乎不可能的平衡。你必须发挥自身魅力，推动愿景和目标，但如果可以的话，把自己融入知识技术人才当中。

● **挑战**

许多业务问题涉及多个方面，十分复杂，即使是在日常基础上，也需要全面和复杂的答案。我们经常发现，卓越的业绩是由那些最仔细考虑过这些问题的组织提供的。但我们也知道，做出这些愈加复杂的反应的速度，也在不断地加快。作为商业领袖，我们面临的挑战是以更快的速度交付越来越复杂的产品。

对于这一挑战，我认为以下两种不同的领导风格都不可能有效：

·指导性领导——我们可能都见过这种领导，他们不仅喜欢把领导作为广泛表达意见的工具，而且喜欢指挥正在发生的事情。这种领导者相信领导力赋予所有领域以经验，领导力存在的理由就是行动——让人看到你坐在驾驶座上，让人看到你在做决定。这种以自我和意志力为基础的领导，虽然在个人决策层面非常有效，但在应对需要详细知识的问题时，则显得有心无力。

·授权性领导——相信赋予权力是一种解放的领导者，正确地认识赋予个人责任能够带来的激励效果，但他可能忽略了比激励更强大的协同作用，即不同个人之间的技能合作（需要一些授权限制）。

相反，要应对复杂的挑战，需要一种以跨职能和非等级的方式汇集知识和经验的办法。

● **成功**

成功的知识共享并不意味着组织会成为某种形式的智囊团，它不会因为持续的高强度分析而陷入瘫痪。这也不意味着决策应该由常委会来做。而是在面对问题时，你的团队应该遵循以下原则：

·以客户为中心——这是首要原则，永远不要以部门为中心看待问题，而应该始终以业务为中心，以客户为导向。

·灵活性——确保整个团队都能意识到当前的主要挑战，同时也意识到解决问题的方法始终是通过借鉴所需的技能来进行。

·临时团队——你一次又一次残酷地创建临时团队，以应对持续的挑战。

·简要——为这些团队设定了一个明确的简要说明，并制定了明确的时间表，以提供应对方法。

·你的角色——你作为一个组织者和最终评估者，不是分析本身的主力。

·消除障碍——你要确保消除了任何限制性的手段或态度。

让团队成员能够协同工作，并且增强这种方式。当团队成员看到他们参与解决问题取决于各自的贡献能力时，他们就会更加尊重彼此的能力，也会意识到他们可以在多大程度上相互学习——实际上，他们的个人价值是相互依存的。

领导者衡量成功的标准

团队成员能够提出解决方案而不是提出问题。

解决问题的速度。

在任何时间里未解决问题的数量。

● 易犯的错误

在分享想法和决策之间找到一个平衡点。过多的想法分享会阻碍决策的达成！虽然团队成员希望(并且应该)尊重他们自己的技能，但他们也希望看到有效的决策。他们不太可能被一种过于谦逊和恭敬的领导风格所激励，这不利于解决方案的诞生。所以你必须避免以下几个方面：

· 决策过于追求各方的一致同意，在决策过程中，给了意见分歧太多的时间和容忍。

· 尊重意见的文化意味着每个人都会就任何事情提出自己的意见。

· 使团队成员认为自己是职能专家，所以不应该表现出领导特质。

这是一个艰难的平衡。作为一个有效的领导者，你要学会何时该鼓励意见，何时该强加决定，何时该鼓励或结束辩论，何时该后退，何时该在问题上发挥带头作用。

● 领导者的检查清单

· 无论你在推动企业前进的过程中如何清晰地表达你的领导力，永远不要明确地说你知道所有问题的答案。相反，你要清楚地表达出你是在为他人提供一个框架（工作文化）来寻找解决方案。

· 尽量将自己排除在处理问题的直接过程之外（除非它们具有战略意义，否则你的缺席会被视为疏忽），让专家带头。

· 利用 121 秒与你的直接下属一起了解他们的职能专业领域，让他们知道你想学习，并且你认为他们在这方面发挥着关键作用。

· 倾向于使用临时团队而不是常备团队来处理问题，以便始终应用挑战所需的技能。

· 公开和定期地认可团队的成功——不要把别人的想法归功于自己。

第四部分

在变化中寻求不变

您也许很容易观察到，变化已经演变为一种常态，以至于它成为一种规则而不是例外。在 21 世纪初的严峻形势下，情况确实如此。所以变化已成事实，这点不值得关注：它支撑了组织的运作和计划。应该关注的是变化的速度。就拿一个统计数据来说：即便在 2013 年，谷歌所有的每日搜索中也有 20% 是新的。

因此，作为一名领导者，你面临的挑战是管理变化速率，特别是正在加快的变化速率，在应对今天的变化时，也要为明天的变化做准备。要面对变化速度的升级，你需要面对四个关键问题：

·你必须明白如何应对变化，而不是与之对抗——这就是我所说的变化的"迫切性"。

·你需要更频繁地表达变化的需要，而不是为了变化本身而进行改变。

·你将面临来自个人和机构的抵制，必须用与倡导变化一样的决心来面对。

·你别无选择，只能接受这样一个事实：更快的变化速度正在创造出前所未有的复杂性，这就要求我们做出越来越灵活、复杂的回应。

这真的很难，许多企业和领导人现在面临着一个势不可挡的变化步伐，看看诺基亚(Nokia)或黑莓(Blackberry)

的命运逆转，或者团购网站(Groupon)股价的急剧下滑就知道了。要解决这个难题，唯一的办法就是大胆。在这个时候，快速做出决定或许比什么都不做要强。现在是面对所有流行观点的时候了：想想MOOC（慕课，即大规模开放在线课程，是"互联网＋教育"的产物——译者注）是如何挑战高等教育世界的；想想微软，在完全更新Windows8的操作系统后，由于系统更新时间已经缩短为3年，现在又要面临着再次更新！

所以，领导变革是有计划地承担风险：这才是真正的领导力！

改变势在必行

改变是不可避免的。有效的领导者会让变化成为一个积极的驱动力，而不是一个需要克服的障碍。

频率：持续不断

主要参与者：所有同事

领导力等级：☆ ☆ ☆ ☆

● **目标**

曾经有一段时间，变化很微妙，拥抱变化只是一种选择。可是如今情况变了。变化影响并波及工作的方方面面，尤其会受技术变革力量驱动。在某些方面，我们的词汇远远跟不上环境的节奏：当现实中不改变不是一种选择时，"改变"意味着是"永久"的替代。

对于任何一个领导者来说，以下都是一个非常艰难的挑战：

·提出一个具有持久目标的愿景；

·通过看似无情的变革，要求坚持这一愿景。

领导者要达到的目标是，实现连续性与变化间的平衡，即对一种既有连续性特征，同时也在不断变化的事物的归属感。

当你领导你的组织时，你要传达改变的命令：改变是生存的必要源泉。

● 环境

变化是困难的、充满挑战性的。改变需要远见和韧性，需要有克服短期的障碍和挫折的能力，以实现更大的长期目标。它要求目标明确且坚定。

如果说变化是一种新常态，那么管理变化需要接受以下基本原则：

· 作为领导者，你必须拥抱并支持改变；

· 改变被描述为一种商业生活方式，而不是一个特定的有时限的项目；

· 改变是积极的，而不是消极的；

· 改变是一个改进的过程，而不是相互指责。

对于领导者来说，关键的难点在于将改变作为正常过程中的一部分，嵌入日常工作方式中。

● 挑战

谈论起改变自然会引起不确定，甚至恐惧。同事们担心，熟悉的业务中任何方面的改变都会威胁到他们的角色，影响他们在商业社会中的舒适区。因此，对改变的反应可能包括以下一系列行为：

· 明确地表示彻底的反对；

· 没有表达彻底的反对；

· 缺乏真正的动机，随意地表示支持；

· 彻底反对，却伪装成支持。

有效的领导者必须能够识别上述任何或所有的反应，并相应地做好准备。应对变化挑战，其中一个关键在于能够有效地阐明变化的原因，表明改变与目标相关，并非为了改变而改变。这里的风险在于，改变带来的挑战往往更具现实性，也可能更成功，与其消极地描述变化（"这就是我们不再做的事情"），倒不如积极地评价它（"我们正从 x 变成 y，以迎接下一个机会……"）。

● 成功

改变不再是一个项目，而是一种商业方式。因此，想要通过改变获得成功，不仅仅意味着实现了具体的改变项目（尽管这些将永远列在组织议程上），更多的要取决于态度和行为，并将体现在以下几个方面：

· 战略改变——在战略议程内定期阐明变化；

· 计划改变——将改变视为所有常规计划的常态；

· 沟通改变——积极地改变你的日常沟通行为；

· 标准改变——确保你总是努力做得更好、更有效率。

要达到这个目标，领导者需要有一些具体的行为：

· 信息传递的一致性——表明变化是正常的；

·信息传递的定期性——深谙变化是有规律的；

·市场浮躁——始终在寻找顾客需求变化的方式；

·挑战性行为——始终有人关心企业为什么以某种方式做事；

·风险承担——承担一些预计风险；

·速度——应对挑战需迅速反应，因此需要有较快的动作。

领导者衡量成功的标准

所有沟通中都提及了变化。

战略上明确提及变化。

业务计划中的变化是可以衡量的。

● 易犯的错误

领导者在推动变革时会面临两个主要风险：

·没有将变化视为常态——如果领导者的言论或行动表明改变只是一个项目，而不是一种常态，那么同事们会把改变看作是一个被迫的、有时间限制的项目，而不是贯穿在整个企业的行为；

·没有不断地阐述变化——在倡导改变的过程中，但凡放松对改变的提倡，都会被大家认为变化只是一种潮流，或者只是一种今天尚存在，明天即消失的管理理念。

因此，改变是有效领导力的核心。它是领导愿景、战略和行为举止的基石。如果不把改变当成一种商业常态频繁、残酷地表达出来，那么它就有可能破坏领导者业绩的根基。

● **领导者的检查清单**

·记住，变化是一种常态，而不是一个项目。

·将变化的意识嵌入到业务的各个方面，从战略到绩效评估。

·将自己视为首席变化的推动者，不停地讨论变化。

·记住要留意来自改变的各种阻力，尤其是那些隐蔽的阻力。

·坚定地面对阻力，不要被短期的障碍左右。

·通过有计划的承担风险来证明改变的有效性。

管理变化

领导者都很熟悉"他们是变化的管理者"这一口号。作为领导者，你真正的价值是让改变奏效，带来进步。所以你必须知道如何衡量变化是否已取得成功。

频率：不断地

主要参与者：所有员工

领导力等级：☆ ☆ ☆ ☆

● 目标

别搞错了，变化本身没有好处，永远不应该认为"改变"只是领导者为了证明男子气概而佩戴的荣誉徽章。但是，同样，不要抱有幻想，你所面临的任何环境（公共或私营部门）都会出现多种因素迫使你改变现状。

你最重要的目标是认识到，变化是常态而不是意外。它是企业运作方式的一部分，而不是偶尔发生一次的"事件"（虽然我们希望它尽可能少发生）。如果你是这样想的，那么你会知道你必须：

· 随时注意变化的需要；

· 为员工做好不断变化的准备；

·永远不要接受现状。

事实上，最有效的领导人在实施本轮改变的同时，也在考虑下一轮改变的步伐。

视变化为经常发生的事情。让员工做好准备接受变化，帮助他们把变化带来的不适视为一种新的安全感。

● **环境**

在管理改变时，你必须平衡调和好两种对立的力量。首先是变化带来的大范围压力：经济不确定性、竞争者活动、技术创新、顾客对更低价格的需求、由于互联网的崛起而改变的购买习惯……这份清单很长，要求很高。

同时，你必须与一群同事一起实现团队的改变目标，因为对于大多数同事而言，工作是他们唯一的收入来源，任何迫在眉睫的改变都会威胁到他们的生活。太多的人从当前成功的方法中获得成就感和个人尊严，因此他们会不满改变的建议。

你可能会发现大环境势不可挡。外部市场的巨大压力以及员工面临的巨大困难，使得决定改变的过程令人畏惧。因此，要将变化视为一种安全而非威胁，并提倡将变化视为一种需要而不是一种选择，你需要的是一种压倒一切的个人品质——勇气。

任何经历了项目变化的人都知道，一旦决定了改变（比如组织结构、过程、产品范围等），下一个艰巨的挑战就是在执行改变的同时管理当前的业务。引用一位同事所说的"就好像在驾驶波音747 的同时对它进行改造升级"。

作为一名勇敢的领导者，你既是战略家、战术家，也是风险承担者和外交家：

- 战略家——清楚地了解团队和业务（部门）的发展需求。

- 战术家——选择何时以及如何做出改变。

- 风险承担者——某些变化因素可能会对当前的业务活动带来风险。

- 外交家——必须面对来自同事的阻力，与他们协商改变的计划。

从这一系列技能中可以明显看出，管理变化是复杂多样的，而在改变中，领导者将受到最严峻的考验。

愿景的力量需要得到最大程度的提倡，并给团队的忠诚带来最大的压力。

● 成功

变化是一种风险投资。作为领导者，你用确定性来交换不确定性，你必须对结果的不可预测性保持敏感。你不可能让自己避免失败，但是如果你遵循以下步骤，改变的成功概率将会增加：

- 投入时间——远离日常事务，思考下一步发展。

- 忽略现状——想象一个摒弃当前情景的不同未来，并且认为这样没有什么错。

·保持勇敢——想象中的未来可能看起来很可怕，所以你必须提醒自己要勇敢。

·发展盟友——改变会让你变得孤立，所以你需要在过程中逐步招募盟友。

·忽视反对者——建立盟友时自然会遇到反对者。对他们来说，改变代表着过度的风险或威胁。你必须要有勇气坚定自己的信念，说服他们或者不理会他们。

·尽早考虑变化的过程——成功的变化管理，其关键在于如何实施改变过程，因此思考改变的方式应该纳入到早期的战略当中。

·结构优先，同事其次——永远不要为当前的同事规划新结构或流程，始终确保正确的结构优先。这对同事也是最好的。

·价值观开放性——当你描述改变的原因时，你应该尽可能保持开放的态度，以避免大家认为背后存在隐秘意图。

·允许重复——通过定期的描述和解释，加强计划改变的重要性和意义。

·与愿景和战略相关联——你应该将计划的改变与愿景和战略联系起来，以证明它们之间的一致性。

如果领导者有一个必需去引领的地方，那就是与变革关的地方。在这片领域中，你致力于你的愿景、你的主张的力量，你信息传递的一致性，你的勇气和决心，以及你成功的意愿，这些都将受到最严格和最无情的挑战。

领导者衡量成功的标准

你在担心你没有勇敢地直视变化吗？

你和你的人事团队讨论改变。

对于任何规模的改变计划，你都定义了所需的结果，并根据这些结果对交付情况进行专门的度量。

● 易犯的错误

变化的主要敌人是恐惧、懒惰和缺乏勇气。如果你成为它们的猎物，你会低估变化的需要，或者在评估了变化的需要之后，缺乏意愿或决心去完成它。

当然，管理变化在很大程度上取决于经验，如果你在事业的早期，曾经为一些擅长管理和支持变化的领导者工作过，那么你将获得巨大的收益，你还会认识到网络的价值，那些拥有相同动机和观点的同事们，他们会在网络上公开支持你。

过程至关重要。无论你对成功的信念如何，如果你没有时刻将方法和过程铭记于心，你将不会成功。这经常会发生，因为预留给思考事情的时间太少了。

· 是否与所有相关的利益攸关方进行了协商？

· 是否对某一特定变化的所有风险进行了分析和详细说明？

· 对当前业务有什么影响？

· 沟通计划是什么，与谁沟通？何时沟通？

· 是否有某些人的态度（支持或反对）至关重要？

·是否考虑了所有的法律后果？

·是否有任何外部因素（伙伴、供应商、媒体）应加以考虑？

总之，在变化管理中，最大的关键缺陷是缺乏意识，没有认识到改变的必要性，或没有意识到流程对帮助实现改变的重要性。

● 领导者的检查清单

·留出时间来考虑变化以及思考团队接下来的步骤。

·不要仅仅关注下一组变化——每次多想想接下来的两三个步骤。

·尽可能多地与客户、供应商和合作伙伴相处，以确保你尽可能充分地接触推动改变的各种外部环境。

·在 121 秒中和领导团队以及更多的同事谈论变化，将它嵌入工作、生活的日常语言中。

·尽可能地大胆一点儿——总是有更多的空间留给你，而在现实中改变通常比计划更容易被人接受！

·当你在改变计划中招募盟友时，一定要让人力资源同事参与进来——他们是出色的顾问，将确保你不会做出任何严重或具有破坏性的错误事情，特别是要关注任何与员工就业相关的变化而可能会产生的法律后果。

·记住，实施改变往往需要反复倡导，你必须做好迎接挑战的准备。

·你还必须做好受挫的准备——不是每个人都会同意你正在做的事情，有些人会在路上设置障碍。

对改变的抵制

"我们一直都是这样做的"这是一个拒绝变化的例子。你必须对这些信号保持高度敏感，表明你拒绝接受类似的说辞。

频率：不断加强

主要参与者：你接触的所有人

领导力等级：☆☆☆☆

● 目标

没有什么比以下话语更让人担心了：

· "这是我们一向的做事方式"；

· "这对客户一直有效"；

· "我们总是这样做"。

听到以上任何一句话都会让人感到恼火。无论是出自何人之口，它们都是在维护目前的成熟现状。

领导力总是不可避免地与变化相关，当然，这是你的领导力视角，但它也关系到其他人接受改变的必然性。

当你在参与组织工作时，你必须敏锐地意识到改变的阻力，不管它是如何表达的。

● 环境

你的角色是强迫改变，团队中的角色能够接受变化的必然性，所以这反过来又会引发开放和防御之间的冲突。当你听到"这是我们一贯的做法"或者（回应建议的改变）"我们从不这么做"时，你实际上看到的是：

· 阻力，因为现状更舒适，所以改变也更困难；

· 防卫，因为其他人担心自己的荣誉和过去的表现会受到挑战；

· 由于缺乏信念而带来的自满情绪；

· 恐惧，担心角色变化和潜在的失业风险。

这些反应往往根深蒂固，尤其是在会暴露组织脆弱的地方。它要求你具有坚定的信念和意志，而你的信念和意志又将经常受到挑战和破坏，所以你需要保持对长期目标的关注，而不是短期的起伏。

● 挑战

你应该时刻准备改变现状，哪怕是一个你在创造中发挥了重要作用的现状。当你要求变革时，必须适应聆听反对的声音。在一个成功取决于持续改进的商业环境中，你应该始终坚持改变。

当你听到有人含蓄地或明确地说"我们不明白为什么你想用不同的方式做事"的话语时，你必须揭露这种说法其实是忽略了改变的需要。你必须强调并听到他们说：

· 领导者始终有责任要求改变，同事们也有责任公开回应；

·专注于以前成功运作的经历，从来都不是停滞不前的充分理由；

·引用已建立的流程和程序表明，改变应符合这些流程和程序，而不是让它们适应改变的需求。

没有哪个领导者想给人留下他们反对别人观点的印象，领导者也不想让大家认为，别人不能对他的观点提出合理的质疑。但是当你坚定自己的目标时，你就必须下定决心，以坚定和对成功的不可抑制的信念来迎接遭遇的抵抗。

● **成功**

那么，领导者如何成功地应对来自改变的抵制，并确保自己永远不会成为问题本身？

首先，你要挑战你的团队。你必须相信并说出这样的话：不管团队有多成功，对市场、动态和结构的了解有多透彻，它都必须不断地重新评估自己的竞争地位。团队必须意识到以下方面：

·自满——成功可能滋生危险的自满情绪。

·现状——对现状的依赖将不能意识到商业活动是一个连续的过程。

·持续变化——变化不是你经常做的事情，而是一种企业生活方式。

团队必须知道，这些因素对团队的影响不亚于竞争对手带来的影响。如果他们对此表示怀疑，只需提醒他们一些真实的例子，例如柯达的命运，或深陷困境的诺基亚和黑莓。

接下来，你要挑战自己。尽管建立企业或组建团队令人兴奋，但它同时也是一个艰巨而富有压力的过程。承担风险的过程中，领导者也会面对重大障碍，并需要投入大量资金来组建团队。它类似一种情感上的过山车，时刻挑战你的耐力、自信和意志力。不可否认，维持现状，将其视为安全的避风港确实十分吸引人，但是，重新认识这种魅力，是企业避免固守陈规的关键。作为一个有效的领导者，你会以安全换危险，以现状换变化。无论要求多高，这意味着：

·走出去——你会不断地与各个领域中的商界人士接触，以发现新兴趋势。

·反思——你经常退后一步思考评估你的组织战略是否适合市场需求。

·评估管理——你不断评估管理结构的有效性。

·挑战性——你会毫不留情地挑战"顾客旅程"，并要求看见客户的投诉，以便从工作第一线了解不合现状的方面。

·倾听——你会倾听同事们的真实想法，了解他们"我们一贯这样做"的态度。

·投资——你花时间和客户在一起，倾听他们对公司业绩的评价，并确保改进过程受客户观点的驱动。

·让人耳目一新——你要面对现实，尽管这可能很难。但是志同道合的团队本身需要更新的方法和态度。

最重要的是，你必须表现出谦卑的自我意识——一种对变革的开放态度，承认不断变革不是失败的反映，而是一种责任。

领导者衡量成功的标准

你是否经常对抵制变革的话语提出质疑？

你是否经常强调变革计划，以应对来自变革的抵制阻力？

在顾客满意度调查中，你的得分有多高？

● 易犯的错误

你必须谨防自己过于被变化驱动，以至于改变本身就成了问题。所以要警惕以下几点：

·你过分地否定过去——如果你将"过去"，而非是"过去"的具体特征视为问题，那么你可能在暗示，过去的所有想法和经验都是没有价值的，如此一来，你可能无意中压制或失去了"过去"的一些重要的知识和见解。

·你过分否定与过去有关的员工——这暗示着过去的员工是一个问题，这可能会否定他们的合理经验，并削弱他们对支持改变的热情。这与期待的结果正好相反。

·你对现状的反应过激——如果你能本能地感知到现状的一些缺陷，这很好，但你需要了解事情的来由；未能把握隐藏的复杂性实际上会影响变革过程。

● **领导者的检查清单**

·从你担任领导的第一天起，就要强调改变的重要性，并谦虚地承认自己在做出改变。

·积极地谈论变革——将其视为一种常态，而不仅仅是一项活动，将改变的文化嵌入组织中。

·对于你投入了情感的企业，要勇敢地定期反思——问问自己，如果你是新手，你的观点会是什么。

·始终征求客户的反馈意见，并向客户表明他们的反馈意见已得到关注并正在改进。

·如果你听到员工在谈论"我们总是以这种方法完成某件事"的时候，请明确表示这种想法是完全不可接受的。

在重复中获取可信度

成功的领导者必须能够被团队看到，他的话也必须能够传达到团队当中——为了让大家明白领导者的信息，就必须残酷地重复信息。

频率：不停地

主要参与者：所有员工和合作伙伴

领导力等级：☆☆☆☆☆☆☆

● 目标

领导者是行动的推动者——他们想要有所成就，并且想要别人看见他们的成就。你深谙，在面对困难的环境和决定时，尤其需要得到所有员工的支持。如果你希望所有的同事了解各自的业务发展方向，那么你必须认识到，业务的方向和目标必须反复在员工的日常工作中传达。你还必须面对现实，即所有同事都会带着许多自己的想法，甚至是根深蒂固的偏见。

因此，作为一个成功的领导者，你必须非常迅速地认识到，传达雄心壮志的一个关键方法就是重复，不断地让人们听到你的雄心壮志，以赢得人心。持续的加强作用有以下两个目的：

·吸引人们的注意力——你的信息会被听到。

·赢取人们的信任——耳濡目染大家就会认真对待。

作为领导者，你必须对自己传达的关键信息有一个极高的要求。除非你认为自己做的已经足够多了，否则你无法开始充分沟通。

● **环境**

成功的领导者就像有名无实的首脑。正如我已经说过的那样，你的一举一动都会受到密切关注。当你为组织的关键价值观或对待员工的方式定下基调时，无论是员工还是合作伙伴，对他们而言，你的话都是一种强势的通货。尽管最成功的领导者只能是天生的，但你必须自然地学会仔细、深思熟虑地选择你说话的词语。重要的不是你说了多少话，而是话的内容。内容本身必须是战略性的：

·它支持愿景和战略；

·它清楚易懂；

·它是一致、明确的；

·它是可采取的行动；

·它可能与日常工作有关。

所有这些特征都必须具有重复的特征。换句话说，为了达到相同的效果，你重复地传递相同的消息。这样，你的同事才有一个清晰的商业指南，他们可以依靠这些指南来进行信任投资。

● 挑战

领导力改变的是（各种规模的）商业结构的性质。你不能幻想自己一直活在允许长时间构思和强化信息的角色中。你还应该意识到，你的团队可能会对你的"愿景"持怀疑态度，因为他们可能看惯了领导层变来变去，信息不断变换，团队越来越不稳定。因此，你主要面临的挑战是来自团队的质疑：你有时间来维持一个令人信服的信息，克服掉怀疑带来的后果吗？

你很快就会意识到，在建立和维护信誉的过程中，你将面临一系列特殊的问题：

·遗留——前任留下的职位，是否会影响团队接受新领导者的愿景。

·时间——需要在不稳定环境中快速做出判断。

·风格——高效、快速沟通的能力。

·愿景——你是否准备好简单明了地分享你对未来的观点。

·毅力——具备坚持不懈、充满热情去交流的能力。

·改变——你应对变革，并且持续不断传递它的方式。

性格和环境的影响可能会使你对承诺保持谨慎。然而，最卓越的领导人，会勇敢地面对问题，表明自己的目的并坚持下去。

● 成功

坚持下去是关键。你必须对你所做的事情充满自信，不仅在拥护愿景、策略和目标的时候自信满满，在传达的时候也要充满自信。

这意味着你要利用每一个机会重复和加强你的关键信息。

· 战略和年度计划，包括对核心愿景、战略和目标的重申；

· 在内部网站和外部网站向广泛的合作伙伴和公众传播关键信息；

· 将每一次管理层、团队或员工会议看作是一个论坛，不断重复信息；

· 在向同事发送的备忘录或通知里，将核心目标与宣传中的发展或变化联系起来；

· 在 121 秒将个人发展目标与更广泛的目标联系起来；

· 在外部活动（会议发言、论坛）和媒体活动（采访、文章）中，公开并加强公司的目标和信息。

事实上，你必须深深地投入在你所设定的愿景、策略和目标的生活中，才能将它们具体化。这是一种高度个性化的领导方式，利用你的个性力量——魅力、动力和说服力——来为未来描绘出一幅蓝图。从某种程度上讲，这完全是由你自己驱动的，它存在风险——但同样，个性的力量才是真正以身作则。

领导者衡量成功的标准

在所有战略计划、员工会议、团队会议和 121 秒中都提及了愿景、战略和目标。

你每天至少一次提及愿景、战略和目标。

你听到你的团队不断重复你的愿景、战略和目标，他们自发性地做得越多，就陷得越深！

● 易犯的错误

对领导者来说，最危险的莫过于混乱的沟通——即使商业方向上有清晰的愿景和战略作支撑，但如果失去所有人的支持，也很容易失去价值。主要的风险有以下四个：

·信息薄弱——缺乏强化，使得传递的信息变得无差别，受众无法识别哪些信息是重要的，哪些信息是特殊的。

·信息过多——无论信息被强化的频率有多高，太多不同的信息都会让受众感到困惑，因为这样会使焦点和优先顺序模棱两可。

·信息变更——如果关键信息发生变化，受众将"学会"忽略未来的信息，因为他们对信息的实质缺乏信心。

·信息匮乏——它会带来真正的危险。无论信息多么清晰明了，如果被日常聊天的噪音所淹没，就无法创造商业价值。

这些陷阱让你作为领导者更清楚自己想传达的关键信息有多么重要——下定决心并坚持不懈地保持沟通，始终让自己在沟通中获取信息。

● **领导者的检查清单**

·永远记住，你个人代表了你所创造的愿景、战略和目标，你的行为很重要！

·此外，请记住，你也是价值观的化身——行为方式和说话方式会像任何关于价值观的备忘录一样多地表达你的价值观。

·将愿景、战略和目标提炼成关键信息，在商业活动中强化。

·必须抓住每一个机会来传达关键信息，并且感觉自己在沟通上做得已经足够多了，如果你感觉不到这一点，那你肯定是沟通太少了！

·要知道时间有限，所以从工作的第一天起，就要定期、清晰地沟通，从一开始交流价值观，为以后更明确的价值观陈述打下基础。

·让员工发挥良好的协作精神，并且保证他们能够获得奖励。

第五部分

在正确的时间做正确的事

成功的领导者最关心的是从团队中获取最好的结果，从而实现卓越的绩效。没有一个领导者可以仅仅通过行动来实现卓越。这再次表明为什么最伟大的领导者会意识到，他们既要从前线中总结经验，与此同时，也要向后方学习。因为他们的命运与每一位同事息息相关。

显然，团队的优异表现很大程度上首先取决于团队是否有合适的成员；挑选团队成员本身就是一项经常被忽视的技能，它可以为团队的运作方式设定基调。然而，一个团队要想取得卓越的成就，也依赖以下方面：

·在正确的时间做正确的事情——确保活动符合战略重点。

·与所有同事进行彻底沟通——通过团队聚会来实现有效的互动。

·管理业绩——领导者在业绩不佳时尤其要表现强硬。

·处理人际冲突——人际关系不加以控制会损害组织利益。

·准备好说令人不舒服的难听话。

·目标明确，围绕目标设立激励措施——目标要符合整体战略。

这是领导者要面临的另一个困难领域。在正确的时间里做正确的事情，这句话听起来很简单，但是很多事情会在执行中偏移方向。与员工沟通他们的期望确实很简单，但是要定期地沟通，尤其是要谦卑地恳求员工的反馈就特别困难了。与同事坦诚相待，公开地谈论好与坏，可能影响个人谦逊和自尊，但如果担心冲突而避免真诚的沟通，对商业更没有任何好处。

领导卓越的表现要求领导者做事情时做到卓越！

流程：在正确的时间做出正确的事情

成功的事业每一步都必须得到管理。成功的领导者知道，为了能在正确的时间里做出正确的事情，流程管理是关键。流程是在正确的时间做正确的事情的关键。

频率：不停地将流程嵌入操作中

主要参与者：所有员工

领导力等级：☆☆☆☆

● 目标

流程描述了既定环境下的计划事件的顺序。仅仅提出建议可能会使许多领导者退缩，因为它意味着对计划细节和结构的关注，这似乎与领导的天赋和激情恰恰相反。有些人可能认为，详细的流程属于技术密集型工程或制造的领域。

然而，以下5项显然毫无联系的挑战都需要具体的、有时间表的和计划的结果：

· 以符合雇用法律的方式进行裁员；

· 按时在预算范围内推出重大的新产品；

· 按季度交付销售指标；

·回应客户对服务质量不满的投诉，并给予适当的道歉或补偿；

·根据时间和预算，将同事从一个办事处调离到另一个办事处。

所有这些例子都涉及不同的雇员群体（依次为人力资源、产品开发、销售、客户服务和机构）。如果领导者清楚自己需要什么，何时由谁去完成项目，他们就能成功地达到目标。

你的目标是确保所有的同事明白，不管是一次性项目还是正在进行的活动，只有当任务在流程结构中清晰地得到反映，目标才能最好地实现。

● 环境

所有企业都有一个简单的目标：以最低的成本获得最高的利润。这是通过一些核心步骤来实现的：

·辨别市场机会；

·创造产品，提供服务；

·适当的售后服务和支持。

管理"发展——销售——支持"的循环需要专注于资源分配。简单地说，即何时何地以最聪明的方式进行投资以及如何提供最佳的销售和利润率。然而，这种预算上的深思熟虑经常会将重点放在减少供应方的支出或者裁员上，而失去了对导致成本增加原因的关注。

组织或业务单位应该了解到，目前采取的行动，哪些引起了费用。他们应该站在顾客（内部和外部）的角度，了解顾客是否得到了所需的服务。他们还应该审视自己，在纠正失败、错误的决定或不完善的规划时，会产生什么样的代价。

失败的代价（有时被称为"质量成本"）也就是成本的产生，你应该优先考虑以下问题，包括：

· 由于产品不合格或销售交付不良而造成的销售损失；

· 流程混乱或重复引起的费用过高；

· 弥补售后过失和投诉的成本。

你不应该认为今天所有的成本都是业务或正常工作中的合法成本。你应该要求团队评估行动组织的流程，以便于在所有团队中"一次就做对"。

● **挑战**

针对流程的概念可能会导致两种消极后果。第一种是情绪化。"流程"听起来很枯燥。对细节的严格关注可能过于乏味，带有官僚主义色彩。更糟糕的是，流程可能意味着"按章办事"的心态，会阻碍员工的冒险和创业精神。

领导者很容易忽视应有的流程。这种对忽视流程导致的后果的漠视，揭示了领导者"船到桥头自然直"的随意态度。最重要的是，对于由于忽视流程而招致的挑战和闹剧，人们的反应往往激动而兴奋。对于某些员工来说，在艰难的情况下伸出援手，比事先制订详细的计划来避免问题更令人有动力。

流程带来的第二种消极后果是影响组织文化，具体表现分为以下三个不同的阶段：

·创业型企业——对于新企业而言，它们在喧嚣的环境下维持运作，要执行流程似乎是一种奢侈。

·成长型企业——企业正在快速成长，因此难以使流程与客户需求保持一致，而且它可能不知道如何在运作的同时清点存货。

·成熟型企业——对于一个已建立的企业，矛盾点在于，它有既定的流程，但流程是错误的。既定的流程可能已经成为成功交付的障碍。

作为领导者，你需要理解和阐明流程的力量，不管你的组织或团队处于哪个阶段，都要展示流程压倒一切的重要性和价值所在。你面临的一个特殊挑战是，证明流程不会妨碍公司成为一个聪明、灵活、有冒险精神的企业，因为流程本身就具有聪明、灵活和富有冒险精神的特征。

● **成功**

如果成功理解了流程的重要性，那么团队接下来就要：

·了解流程是否与某一特定活动有关；

·在任何活动中嵌入流程，而不是将其视为一个单独的、可选的附加项；

· 为既定的活动定义和记录流程，并划分具体责任；

· 在利益相关者可以接受的情况下，自动化流程步骤；

· 扩大流程，使其范围涵盖外部供应商和客户；

· 在执行新流程之前与利益相关者一起对流程进行审查；

· 基于反馈不断重新设计既定流程；

· 建立关键绩效指标（KPI）以衡量流程的成效；

· 在适当情况下，对同事进行既定流程的使用培训；

· 计算与流程中每个步骤相关的成本。

为了强调流程的重要性，你必须传递这样的信息：流程对所有同事都很重要，必须通过行动和审查不断加强流程意识。你的关键信息包括：

· 公开使用和倡导"流程"一词——不要回避讨论平庸、无聊或技术性的术语；

· 要求你的团队关注流程——在团队会议上结合整体表现讨论流程；

· 要求对所有关键操作流程进行流程评审——关注流程的细节，并定期执行；

· 监控失败的流程——通过正式的报告机制，了解何处存在有明显的流程错误以及如何解决问题；

· 对失败零宽容——要求员工具有一种持续改进的态度，并表明绝不接受结果不达标；

·衡量失败的成本——不应该简单地将失败视为可以纠正和重新设计的错误，而应将失败视为可衡量的成本。

关注流程需要投入大量的时间。你还必须确保团队中有能够理解、表达和领导流程的成员，这些成员明白流程是实现成功必需的血液。

领导者衡量成功的标准

所有团队都有一套针对既定活动的流程文档。

所有团队都有持续的反馈机制来改进流程。

相关流程获得外部认证（如 BSI、ISO）。

● 易犯的错误

有以下两个截然相反的方面会削弱流程的重要性。

·流程和自满——领导者很容易陷入这样的误区，那流程一旦就绪，他们就可以坐视流程运作。但流程永远不会结束，它没有终点。它既需要不懈地注重细节，又要求对审查和更新保持关注。你必须将同样多的精力集中在流程变化上，以保持持续向上的势头。另一点是，业务流程本身的问题将成为组织致命的弱点。

·流程和退缩——如果不仔细解释，流程的重要性可能被视为风险规避计划的首要因素。由于希望以正确的流程办事，企业失去了对做正确事情的关注。更具体地说，专注流程可能会使企业的创业精神或创造力更强。你必须确保没有人认为流程是观念的替代品，而是有效变现观念的支撑。

实际上，领导力的大部分内容是一次又一次无情地重复同样的观点。实施流程的方法需要细致入微——在保持创造力的同时，获得对焦点的正确关注。

● **领导者的检查清单**

·经常谈论流程——不要逃避这个潜在的枯燥话题；

·使流程商业化——将它与销售和利润联系起来，使其永远不会被忽视；

·与团队以及直接下属谈论流程，不允许将"流程"看作是某一特定功能或规程的附属；

·直接参与流程评审，了解流程的失败之处；

·在任何可能的地方亲自测试流程——例如从客户的角度去测试；

·祝贺执行流程中的佼佼者——他们常常是无名英雄。

团队会议

在与员工沟通和强化关键信息中，团队会议扮演了一个重要却又经常被低估的角色。

频率：直接团队每月一次

主要参与者：负责的所有员工

领导力等级：☆☆☆☆

● 目标

个人的一对一互动是管理团队的关键，即在个人层面上沟通、倾听和学习的能力，领导者能认识到每个团队成员的独特价值和与众不同之处。同样，你需要将团队作为一个整体来管理，这代表了与潜在大型人群（通常是在公共或半公共环境中）沟通的各种动态。这需要不同的技巧、大量的准备和对细节的关注。如果你要在一群人面前演讲，那么你谈论的目标和价值观需要把一群完全不同的个人凝聚在一起。这就是领导力的真正体现，因为领导者是组织的公众形象，甚至是组织的标志。一对一的互动需要以个人为导向，而公众性的表达则需要充满力量和富有激情的宣讲。

成功的领导者会利用团队会议强而有力地表现来宣传他们的目

标和价值观。

● **环境**

根据职责范围，管理个人沟通的类型：

·非正式的一对一会议——通常是临时讨论，但它总是有机会让领导者与个人相联系，加强宣传商业方法和价值。

·正式的 121 秒——每月一次的机会，主要用以回顾正在发生的问题、正在执行的目标和当前的个人表现。

·特别小组会议——讨论具体的、有时限的问题，主要将焦点放在分析和决策上。

·团队会议——主要与你领导的单一职能范围相关，将关键团队成员召集在一起对业务和问题进行审查。

·经理会议——每周、每两周或每月回顾（设定议程），监测团队业绩。

·对设定的议程和时间表进行专题定期审查——你可以选择对关键业务职能进行定期评估。

·年度预算和规划——这是审查战略以及未来规划是否正确的机会。

团队会议位于该层次结构中的顶端。你面对一个比直接下属或者比直接团队更大的团队讲话。这是你为组织定调的最大的机会。

● **挑战**

毫无疑问，团队会议或许会让人望而生畏，它们可能充满风险，也可能令人泄气。

·为什么要害怕？和任何一个大团体谈话可能都会让人感到害怕，但只有那些最鲁莽的人才不会意识到这种压力的来源。有些领导人天生就缺乏自信，觉得过分强调自己的观点会招人厌弃。有些领导者会有自我意识，可能认为公众集会的形式更可能造成与同事之间的距离，而非建立联系。

·为什么要冒险？显而易见，把群体聚集在一起的后果谁也无法预知，任何开放的文化都可能会导致一些令人不安或意料之外的问题。团队会议带来的风险是你的议程可能被转移，尽管如此，坦率开放的好处通常大于坦率开放的坏处。

·为什么要泄气？与发生意料之外的讨论相反的是，会议根本没有人回应你。你可能觉得自己的话被人无视。这会令人泄气，因为它会反映出领导者在信息或表达上的问题。但是你应该记住，你的员工可能和你一样，会在公共集会上感到拘谨。

这些挑战需要领导者具有勇气、具有仔细规划和快速恢复的能力。最重要的是，你必须相信它们的价值，这个信念最终会帮助你度过种种难关。

● **成功**

最有效的团队会议结合了详尽的计划、对细节的关注以及与个人的接触。

· 时间表——如果可能的话，除非会议要发布特别通知，请至少提前 48 小时通知员工，让他们安排或重新安排工作日程。

· 预先计划——如果会议涉及一系列的问题，请以六个月为期限滚动公布日期。

· 远程与会者——如果同事要通过电话参与会议，要确保会议电话得到提前告知，而且扬声器系统正常。最新的系统可以记录会议并上传到互联网上，以供缺席者收听使用。

· 国际与会者——如果同事是在海外参与电话会议，要注意时差。

· 地点选择——这显然主要是由会议规模决定。一般情况下，有自然照明和椅子的地点是首选。

· 会议习惯——你可能会在海外国家举行会议，应设法了解不同国家可能适用的不同习惯。

· 时效性——准时进行会议。与会者通常不喜欢留宿。

· 准备——内容和信息应该经过仔细考虑，而不是随意传递。

· 交付——信息介绍应该按照场合来组织。例如，定期会议应该以非正式的方式进行，但不定期的简述（例如公司公告）可以更多地依据书面脚本。

· 发布议程——你应该介绍会议内容。如果会议是一系列会议中的一个，你可以提前分发完整的议程。

· 让其他同事参与进来——你不应该认为会议只是个人的哗众取宠，也请为其他同事提供讨论问题的计划。

· 接受提问——欢迎提出问题，并请直接回答问题。你的同事总能感觉到你究竟是专注还是回避！

· 重复消息——强化关键信息没有什么禁忌，重复信息会使你的可信度更高。

· 行动要点——如果在讨论过程中提到要采取行动，你应该承诺在随后的会议上跟进并汇报进展情况。

聪明的领导者会让关键的人力资源同事密切参与日常会议活动的策划和执行。他们对整体文化和道德的影响力是任何人都无可比拟的。

领导者衡量成功的标准

定期举行团队会议——根据规模决定会议的频率。

团队会议至少提前 48 小时排定。

行动要点在下次会议之前得到关注和处理。

● 易犯的错误

团队会议就像任何会议一样，如果欠缺计划或执行不力，将无法达到目的。

· 糟糕的领导力——在一个大团体面前，缺乏清晰和一致的信息意味着你没有战略目标或方向。这将微妙地削弱你们的共同目的感。

· 计划外的议程——如果没有仔细计划或经常改变主题，都将无法强化重要的信息。

· 被排除在外的与会者——如果同事在无意中被排除在外，尤其是因为距离遥远、没有机会参与或进行单独陈述，团队会议可能会产生适得其反的效果。在这种情况下，冷漠本身会使员工与核心信息疏远。

团队会议会带来一些风险。任何称职的领导者都会欢迎员工提问题。这可能会引发一些令人尴尬的时刻，比如提出一些敏感问题（如工资），或者是完全出乎意料的问题。没有人能对所有问题做好准备，但处理这些问题有三条金科玉律：

· 当你知道答案时，直接而真诚地说出来。员工总能感觉到你在逃避。

· 当你不知道答案的时候，也请直接说出来，而不是胡扯一通，但你需要保证稍后再给提问者一个答案。

· 如果你知道说出答案需要承认失败，那就说出来吧。谦逊赢得朋友。

● **领导者的检查清单**

·定期举行会议，了解它们在领导力沟通中的作用。

·利用会议来频繁地传递重要信息。

·仔细计划会议的内容、日期和地点。

·关注办公地点不在你所处办公室的员工，并确保他们不会感到被排斥。

·永远要实现承诺过的行动。

员工绩效管理

团队是你的力量源泉。当合适的人就任于合适的岗位后，适当的支持、鼓励、反馈和发展有助于团队取得优秀的业绩。

频率：周期性的

主要参与者：直接下属和人力资源

领导力等级：☆☆☆

● 目标

领导者必须创造一个环境，对绩效进行评估和衡量。这也许并不像听起来那么容易理解，它不仅仅是对效率的一般性评估。它要求组织拥有清晰的愿景，首先转化为战略和业务计划，然后转化为每个业务部门的目标，最后这些目标部署为个人的任务。

这种串联不仅有助于协调活动，并且对在公司问责制的总体框架内建立个人问责制也很重要。好处显而易见，当个人能够将他们的活动和目标与业务相联系时，他们会更有动力。

从这个意义上说，你是公司乐团的指挥，指挥管乐合奏，在整体凝聚力和个人天赋之间取得平衡。

● 环境

影响个人表现的关键因素包括：

·个人情况——将个人情况排除在工作环境之外的做法完全不现实，实际上，抑制它们很可能导致压力。

·与其他领导、经理和同事的关系不佳，这会损害他们的沟通和表现能力。

·轻率分类——过去了解到关于个人的优劣之处，不管出于什么原因，这些假设并不能代表他们的真实能力。

·个人的愤世嫉俗，员工可能由于以前的领导策略和风格，或是因为无情的变革而感到不满或气馁。

·缺乏事前的反馈、培训和发展，个人的优劣之处从来没有得到有效的监测和发展。

·个人组织能力差，掩盖了相关的能力。

·人际交往能力差——这会影响个人效率，同时掩盖他们能够做出的真正贡献。

·同事没有对工作表现出足够的尊重，这将导致一种影响业绩的怨恨情绪。

·来自上述任何一个因素的压力，或者其他方面的任何压力！

我们不是要做一个明确的清单，而是要阐明任何对业绩的评价，都需要对所有因素进行深入的评估。这并不能想当然认为这些因素是可以减轻的，而只是说对行动的明确评估可以更精确、更恰当。

你还可以用发展"触角"检测糟糕的业绩问题。不仅可以通过直接观察，而且可以通过公司内部的聊天进行显性和隐性反馈。

● **挑战**

你也必须考虑商业组织结构是否适合其选择的市场。这里有很多方法，但本质上你需要尝试协调内部能力与外部客户的需求。这是业绩处理的一个主要支柱——一个组织实现目标的能力取决于对所需能力的明确评估，取决于工作人员对这些能力的掌握情况。

因此，除非你对战略和目标有清楚的认识，并且了解达到这些目标需要哪些能力，否则就很难真正地评估业绩，也不可能界定或评价个人的贡献。

● **成功**

在这方面，我一直认为让人力资源参与是非常宝贵的机会。人力资源可能名声不好，但只有人力资源专注于从事人事的工作，例如招聘、解聘和档案记录。人力资源采取一个广泛的观点，衡量商业环境气候，并将个人在一个完整的背景下审视，他们扮演着一个主要角色。实际上，你应该积极地与你的人力资源专家建立密切的关系，因为他们可以提供一个"人物棱镜"，通过这个棱镜，可以清晰地看见战略和决策是否恰当。

要面对员工业绩不佳的现实并不容易，尤其是因为许多处于岗位中的人并没有意识到自己的业绩问题。如果他们意识到了这一点，他们就有可能为避免对抗而设置重要的防御屏障。作为直接下属的领导者，你的主要职责就是解决他们的绩效问题，而这只能是一对一的。

如果你已经决定了让某一个同事离开，那就不应该在没有人力资源介入的情况下去实施，最重要的是，任何终止同事工作的决定对他们来说都是一个改变一生的大事。所以你必须让专业的人力资源代表来告诉你，你的方法是否正确。你必须让人力资源能确保做出这样的决定是出于正当的理由。因此，在处理业绩问题时，你也会受到严格审查。

如果允许的话，你的撤职决定将需要在现行法律框架内加以管理，其中包括：如何举行终止合同会议，会议内容包括什么，会议地点和时间。

这样的会议讨论在某种意义上已经宣告了公司当初的招聘失败，你应该：

·直截了当、切中要害、保持警惕，并意识到这种情况下，你可能无法预测到同事的反应；

·提出一个明确的后续流程（取决于辞退决定是立即进行还是推迟进行），为他们提供关键的机会，以便他们回应、提出挑战和进行进一步的对话，特别是关于所涉经费问题的对话；

·要知道没有人会因为这个决定而感谢你，但至少他们离开时，能够感受到自己在法律允许的范围内，有尊严地受到了公平的对待。

或者，如果你选择对某些人采取一种改进方法，则必须：

· 在讨论中一开始就表明，你想召开一次业绩会议，改进议程；

· 准备提供一些个人业绩不佳的证据；

· 询问当事人是否有任何问题，或是否能够立即回复；

· 为进一步讨论留出时间。

随后应有与人力资源相关人员的单独会议，以便有丰富的视角以及在必要时促进更广泛或更具有反思性的交流。关键的产出是就所需改进达成共识，并制定一个可衡量目标的行动议程，并且对进展情况提供不断的反馈支持，反馈不仅限于正式审查的要点。

为了能够面对已确定的业绩不佳，如上所述，你需要清楚地理解职位角色需要什么。尝试在这样的标准下改进员工业绩不佳的问题并不能保证成功，但是通过努力而获取的认识难能可贵——尊重你在诚实和信用方面所展现的勇气和正直。

领导者衡量成功的标准

所有的同事都有年度考核。

成果得到记录、执行和监测。

人力资源总监或经理一起对员工业绩问题进行定期审查。公开所有的问题并有所行动。

● **易犯的错误**

有些领导者喜欢依靠本能，会对同事是否能胜任工作产生非黑即白的观点。然而，在本书中所描述的复杂动态里，个人表现会被一系列因素扭曲，这些细微差别是领导者的职责。尤其是，一个对个人保持敏感、不接受既定意见和标签的领导者，更有可能赢得尊重，而且在实际上提高业绩。

这是你将会遇到的棘手问题。我们很容易认为，即便有强大的领导力，对于业绩表现不佳的员工，领导者也只能使用撤职的策略。也就是说，表现不佳的员工被叫去接受"事情失败了"的坏消息，并可能在雇佣法规定的妥协协议范围内遭到派遣。这可能是一个解决方案，但如果认为它是典型的处理方法，那么最终就可能会弄巧成拙。对员工来说，他们会有一种"要么加入要么退出"的企业文化印象，即企业为了短期的利益而牺牲了个人的发展。对领导者来说，它代表一种回避，是领导者用来避免面对真正的领导挑战。

● **领导者的检查清单**

·尽可能清楚地说明组织中每个领域为达到标准所需要的产出和能力。

·让人力资源团队对"胜任"的标准进行全面分析，找出薄弱环节。

·在有证据支持的基础上，做好准备面对表现不佳的个人。

·把改进的过程看作是一个机会，而不是一种威胁或一件琐事。没有人不想把工作做好，没有人愿意面对离职的耻辱，所以你需要有基本的激励因素。

·请记住，这个过程是业绩提升的一个重要部分，但它可能存在法律缺陷。

·领导者不可能自然而然地认识到这类改进过程，在这个过程中，需要他人的支持。

人际关系冲突

你不应该指望所有的同事都能"相处融洽"。事实上，有些同事间的冲突是有建设性的。

然而当你看到冲突快要失去控制时，你必须迅速行动。

频率：不可预测

主要参与者：不可预测

领导力等级：☆☆☆

● **目标**

一个所有同事都相处融洽的商业环境，无论多么值得称道、多么令人羡慕，只要这种"相处融洽"意味着躲避问题、回避现实，那么这种商业环境就不太可能让创意和良好的商业意识蓬勃发展。一般来说，没有什么比企业／集体领导人被埋在沙堆里更糟糕的环境了。

但同样，建立在个人敌意之上的工作环境也不可能满足组织在市场上的需要。当然，有时个人之间的竞争因素是健康的，特别是同事们的紧追不舍，会让你的行为更出色。当然，所有组织都是肥沃的有机体，在这里，会产生不可避免的政治元素以及随之而来的操纵。

一个组织只有在野心勃勃的个体中才能繁荣昌盛，抱负会导致激烈的竞争，可能产生有市场价值的想法，也可能产生冲突。

领导者的目标是考虑如何利用竞争能量以及如何消除竞争导致的功能失调行为。

● **环境**

组织天生就有一种产生误解的能力。似乎无论愿景多么清晰，沟通计划多么优雅，管理风格多么包容，也肯定会爆发某些功能性失控。

其中，关于雇员——雇主的契约非常复杂。当一个雇员加入一个组织时，它就超越了供应商——客户的关系——他的一部分独立性被雇主牺牲了。员工的生活可能因组织的成功或失败而改变；他对组织的情感取决于他或她受到尊重或不尊重的方式。一旦这种依赖关系确立，员工就会成为组织的批评者，并且很可能谴责组织。

无论一个组织如何与时俱进，具备变革能力，总会有一些业务部门故意不合作、按照自己的方式做事，但也能将事情做好从而获得声誉。但在企业文化中，这种行为就容易成为别人攻击的目标，每个人都喜欢攻击这种目标，他们总是认为这是最坏的行为，每个人都不顾证据赶去评判目标。

最终，这种混乱中会出现一系列冷漠的人际关系特征：

- 听不进去；

- 具有说教倾向，尤指关于其他同事的责任；

- 对每个问题都能发表意见的自信；

- 认为他人不重要而不去交流；

- 认为自己具备足够的知识，有足够的力量而不去沟通；

- 不能按时交付；

- 工作中经常缺勤；

- 在无可辩驳的证据面前，固执地拒绝让步；

- 鞭打死马的倾向；

- 无法理解本部门以外的组织实体；

- 不认为企业存在的目的是客户。

如果它不是公司的压力来源，那么缺乏自我意识本身并不重要——糟糕业绩所带来的挫折感、无法理解管理层不能解决问题的痛苦、对于有的人可以在竞争激烈的世界里独善其身的愤恨都会破坏一个人对追求卓越的信念。

你应该把这种情绪和压力看作是生命有机体的副产品，人不可能没有这种情绪和压力。你应该认识到：

- 当抱负驱动竞争力时，就存在竞争优势的真正潜在来源；

- 对组织的承诺是卓越的推动力；

- 不管业绩不佳的最后堡垒看起来有多糟糕，它都可以起到警示人们的效果；

· 个人与公司的目标分离，对于行为失调的不安全感本身就可能成为变革的起因。

● **挑战**

因此你的任务是谨慎地管理组织冲突。与其把它看作是一种令人不安的威胁（你可能想忽视它），不如把它看作是一种改进的源泉——尤其是，你是一位领导者，你的角色是促进永久性的改善，使之成为商业生活的一种方式。

事实上，许多人可能会说，没有冲突就没有生命，但是奇怪的是，一些冲突实际上是健康的迹象。

● **成功**

你将面对一些冲突类别。

· 当你开始意识到一个部门、团队或团体的存在理由与它现有的问题严重失调（这将来自直接的观察或者二手报告），你不应该根据道听途说采取任何行动。基于谣言的干预可能会被视为下意识的行为，未经具体分析。相反，你应该为基于 KPI 的集团运营绩效评估创建一个环境。关键的判断是团队领导者的改变能力，其次，是团队具备面对自身缺点的应对能力。

· 当你意识到不同的群体处于冲突状态时，你必须把问题向两个团队的领导者一起提出。如果冲突发生在他们各自的团队中，那么你必须商定一种方法来公开这些问题（也许在人力资源部的协助下），定期提供进展报告和反馈。

·当两个向你汇报的人之间发生冲突时，你不应该就冲突的根源与他们展开对话，除非你确信他们希望如此。以此，你能创造一种能够面对分歧的文化。但是，不要让其他人认为你是解决冲突，这会让他们避免自己尝试解决冲突。

·当一个人的工作表现出现问题导致了冲突时，你应该向他敞开心扉，说明这个问题对于公司的危害，而解决它也符合个人利益。你尽快提供基于证据的反馈，而不是等待年度绩效评估！你应该通过一个行动计划，并定期审查。

作为领导者，你必须经常营造一种商业环境，让人可以自由提出并非针对个人的批评，也让员工意识到，自己不能对于别人胜任的工作乱发表意见。

领导者衡量成功的标准

定期审计与人力资源的冲突问题。

121 秒时将酌情讨论冲突问题。

面对和解决已知的冲突问题。

● 易犯的错误

个人之间的冲突有两种对等和相反的风险。

·什么也不做——缺乏解决阻碍业务冲突的意愿和精力，这有可能损害领导者的信誉和领导者对愿景和战略的承诺。重大冲突通常很容易识别，如果领导者忽视冲突，可能会释放出一种信号，让员工认为冲突行为是能被组织容忍，甚至接受的。在这种情况下，领导者很难实现一个卓越绩效议程。

·以错误的方式处理冲突——面对主要由个人情绪引起的问题，领导者始终必须面对的领域，即对个人差异保持敏感。对冲突的反应最好是根据个人情况来制定和调整。领导者不需要明确说明某些行为是不可接受的，也就是说，成功往往需要理解特定的个人行为方式。

这里的教训是，处理冲突需要勇气和技巧的完美结合。

● **领导者的检查清单**

·警惕直接或间接的冲突信号。

·学会区分代表健康竞争力的冲突以及会降低商业信誉和业绩的冲突。

·永远不要忽视因失去约束，而使冲突带来损害组织业绩的风险。

·不应以同样的方式处理个人之间的冲突与小组之间的冲突。

·利用人力资源专家来评估冲突的意义和影响，并决定解决它的方法。

·确保团队领导意识到团队中存在的不健康冲突，并且主动承担责任去解决。

·永远记住，冲突的根源极可能与个人有关，因此解决办法必须根据个人的情况和性情而定。

·意识到解决冲突的办法会向团队表明领导者的正直和决心。

困难的面谈

如果要领导者说出一些管理团队的困难之处，那么面谈肯定位列其中。面谈不可预知，甚至可能是敌对的。

频率：较少

主要参与者：直接下属

领导力等级：☆☆☆

● 目标

有时面谈是不可避免的。在121秒会议上，你需要向团队传递某些针对个人的消极评价。这样的面谈可能是困难的，并有可能引起冲突：

·困难——因为对质通常令人不适，并且几乎不可避免地针对个人，而且情况不同，处理办法也不同；

·冲突——不一定是大喊大叫、相互攻击，甚至是哭泣（尽管我不排除其中任何一种），而是由于存在脱节时期，导致参与者之间存在分歧。

然而，面谈需要有一个建设性的结果，因为领导者有绝对的责任确保业绩问题得到表达、讨论、接受和处理。

对于领导者而言，这是一个非常困难的领域。既然如此依赖于人，领导者自然想要建立高效的、有人情味的关系，但同时，领导者也不得不面对业绩表现不佳的残酷现实。一方面，领导者希望平衡授权和对成员之间关系的尊重；另一方面，领导者也需要平衡整个团队以获得成功。他们担心直率的谈话会产生冲突，对一段关系产生致命的破坏，损害团队的运作。他们也可能对面对面的冲突感到紧张。

这里有三条指导原则对领导者大有裨益。

·相信你的判断，如果需要的话，通过询问同事或人力资源部的同事来支持你的判断。

·要意识到，糟糕的业绩表现如果得不到解决，会使问题本身雪上加霜——问题进一步恶化是一个重大风险，它会损害领导人的声誉。

·解决问题符合同事的利益，即使他们不喜欢听你的批判，但从长远来看，他们会认可你的正直，并尊重你让他们自我完善的做法。

不管面谈看起来有多困难，只要有绩效问题，你就必须直面你的任何一个团队——你的信誉就取决于它。

● **环境**

首先，评估问题是否严重到值得采取任何行动。它很大程度上取决于领导者的直觉和经验。领导者需要避免自己受别人情绪的影响，重新评估自己的反应是否恰当。

评估需要考虑到事件的严重性。问题是偶发的还是持续的？问题是否是建立关系过程（所谓的"风暴"阶段）的一部分，并可能因此爆发？如果是这样，那最好的办法就是什么也不做。

如果你认为必须面对问题，应该考虑人力资源总监／经理是否可以提供一个更有效的解决方案。在某些情况下，人力资源总监的相对独立性会减少同事在讨论中的抵触情绪，但要符合你处理问题时所传达的严肃感。

问题是，面对问题虽然是必要的，但应该以慎重、有分寸和理智的方式来处理。

● 挑战

我不同意某些级别的领导者根本不考虑以上顾虑，采取要么接受，要么放弃的办法。这种对待员工行为和业绩的态度是自满和回避的表现，甚至不符合组织的最佳利益。

我们都受益于建设性的反馈，这些反馈不仅可以表明我们目前的表现，还可以指引我们的职业道路。反过来，员工需要知道你会面对问题，你会以公正和正直的态度对待他们，你完全是为了最大化他们和组织的表现。虽然他们可能不会为此感谢你，但他们会尊重你。

● **成功**

如果你认为你要自己解决这个问题，你必须安排面见相关的同事，并预约固定的时间，以表明会议不是随便安排的。由于这不是一个正式的纪律会议，因此没有必要也不需要就此事事先提出警告。会议的组织方式应不受干扰。

这种情况，通过讨论解决问题则没有必要，因为这种方法无济于事，你需要直言不讳。但你必须遵循自身行为和言论中的基本规则。

· 准备——参与讨论，记下你想说的话。

· 开始——假设你想在非正式的基础上讨论绩效问题。

· 设定背景——明确目标是公开、公平的讨论，你没有任何预定的结论。

· 陈述人力资源的角色——告诉你的同事，你已经和人力资源总监 / 经理讨论过这个问题，并表示你已经采纳了相关的严肃性建议，同时也表明你想用最恰当的方式去解决。

· 问题——陈述问题，并描述你看到的问题以及它正在产生的影响。

· 举例说明——用一些具体的例子来支持你的分析，来说明问题的真实性。

· 举出更多的例子——在后面的对话中保留更多的例子。

· 引发一场讨论——请你的同事发表评论。

这就是谈话的要点——你同事的反应是否表明他们意识到了这

个问题？他们可能试图用他人的个性、表现或行为方面的问题来回避。你必须坚定地说，谈话并非关于别人，然后举出更多的例子，试着让你的同事改变他们的自我认知。

这种对话的发展方式非常难以预测，尤其因为我们中的大多数人不喜欢被挑战，当我们被挑战的时候，往往会意气用事，进行防御。关键是要坚持自己的立场——用明确的例子阐述问题，允许你的同事质疑和回应，同时确保问题得到解决。

这种讨论的一个首要原则是，必须始终注重行为而不是个性。一般来说，你不应该试图挑战或改变一个人的个性——你应该尊重同事的个性。

作为领导者，你的关注点在于他们的行为方式以及他们的行为如何与他人互动，然后影响他人，这是关系到商业表现的关键。因此，这样的"冲突"讨论并不集中在人如何，而是人的行动如何被他人感知和影响他人上。

如果没有后续跟进，那么面谈等于徒劳无功。后续对话可以采取多种形式，具体形式取决于相关同事的责任心，但这些形式可能包括：

· 同意进行反思，并再次开会讨论这些问题；

· 让人力资源代表与同事进行单独对话，从专业人员的角度提供理智的、不带情绪化的观点；

· 同意将对这一问题进行监测，并将不断提供反馈意见；

·如有必要，制定具体的绩效目标，并在未来进行评审。

一旦你决定开展"艰难的"对话，你的行为方式和谈话本身的内容都会有很大的收获。

领导者衡量成功的标准

在进行面谈之前，所有要点都得到了说明。

同事是否愿意采取建设性态度，即是否就提出的问题进行公开对话？

会议商定了一系列后续行动。

● 易犯的错误

在艰难的对话中，最有可能适得其反的是，领导者的思虑不周。面谈不是让领导者发表即兴评论的时候。相反，正因为这样的谈话是非常私人的，所以它需要最仔细和最周全的准备。否则面谈可能会适得其反，例如：

·没有经过充分的背景评估；

·用情绪化的反应来做准备；

·以感性，而非商业术语来表达问题；

·问题被描述为人的个性问题，而非行为问题；

·允许情绪化反应搅动你的情绪；

·没有用实质性证据描述问题；

· 讨论由于时间不充足而中断；

· 你让对方觉得你没有专注于对话；

· 没有任何迹象表明会有进一步的反馈或讨论。

无论多么艰难的面谈都能在其可能引发的绩效改进中收获丰厚的回报。但是如果由于粗心的准备或轻率的管理而事与愿违，那么它的影响深远且持久。

● **领导者的检查清单**

· 一定要评估背景，不要急着下结论——有些问题可能是过渡性的，并且会自行得到解决。

· 面对难题时，需要有一对一的方法，并确保有确凿的证据和例子。

· 确保心中有一个清晰的过程，不要让模糊或缺乏准备而降低了问题的重要性。

· 对于员工对你的评论，不要让你的情绪化反应引发进一步的问题——要让人觉得你很酷。

· 如果你觉得要让同事面对问题，那就请人力资源部参与进来。

· 任何时候都要清楚，你的挑战要符合同事的利益，你的目的是帮助他们。

· 有明确、有时间表和可衡量的后续行动。

目标和激励措施

当员工有明确的目标时，如果有可能的话，将目标与财务激励联系起来，这将优化他们的表现。

频率：年度、年中回顾

主要参与者：至少是直接下属

领导力等级：☆☆☆

● 目标

领导一个有清晰的目标和策略的组织时，你必须确保：

·团队、个人的战略和行动与整体目标一致，以获得最好的成功机会；

·个人有明确的业绩目标和奖励，以能分享成功，加强各自的长处，解决各自的弱点为目标。

设定综合目标和激励措施不是只为了满足人力资源部门需要的公式化方法。当团队和个人的目标与其组织的总体目标矛盾时，可能会严重损害组织利益。通过一个清晰的、有文档记录的目标和相关激励机制，可以确保愿景和战略的力量能够转化为日常行为的细节，这些往往是产生差异的地方。

除非你确信整体战略体现在团队和个人每天的工作上，并且他们能够得到相应奖励，否则就不算及格。

● **环境**

信贷紧缩后的银行奖金一直是人们高度关注的话题，尤其是因为人们普遍认为银行不会实行奖励。尽管银行奖金问题实际上只与全体员工中极少数人有关，但它确实指出了一个非常现实的挑战，即绩效与报酬之间的关系。

任何组织的领导者都将面临以下问题。

·团队成员角色的核心是什么？即职务描述的一部分以及他们的基本报酬。

·除了核心作用之外，还应该经常增加哪些目标（通常是年度目标）？

·这些额外目标在评估个人业绩方面起了什么作用？

·个人的核心角色应该得到多少报酬？

·在核心角色之上的工作表现，个人应该得到多少报酬？

·个人激励在多大程度上应与个人、团队和整体组织的绩效目标和业绩挂钩？

这些问题的许多答案都是由文化背景驱动的，即对组织的性质、企业文化气质和企业部门的广泛挑战。

● **挑战**

领导者很容易忽视目标和激励的重要性。他们可能会认为：

·企业的总体目标众所周知，因此个人目标也显而易见；

·许多员工的激励性报酬按绝对值计算可能很小，所以没有什么价值。

这忽略了一个事实：

·没有明确的目标，同事往往做自己喜欢做的事，而不做必须做的事；

·对某些人来说，奖金数额可能不大，但对财政困难的家庭来说则意义重大。必须让人看到你在认真对待问题，并确保以明确和及时的方式制定目标和激励措施。

● **成功**

在一个组织决定的整体框架内设定目标和激励措施，并且不可能随心所欲地行动。领导者也有义务与 HR 团队管理目标和激励程序，以确保一致性和整体性。如果管理得当，这是一个不可避免的漫长和艰巨的过程。

目标

·年度目标——尽可能在团队年度财政开始前公布年度目标。如果在团队年度财政开始后才公布目标，会降低目标的影响力。

·团队目标设定——应该由团队和同事通过演示正式地介绍给大家，也可以通过电子邮件向工作人员分发，或在组织内联网上明确公布信息。领导者也应该在这一年中坚持不懈地重申这些目标，包括选择这些目标的原因以及目标如何与整体愿景和战略联系起来。

·直接下属——安排和所有的直接下属会面（并确保他们也这样做）来讨论个人目标。

·个人目标设定——要求员工自己提出目标比把目标强加给他们更有效，个人目标可能有以下三个阶段：

1.在会议之前，建议直接下属提出今年的目标。

2.举行会议审查拟定的目标。

3.在后续会议上或通过电子邮件交换商定了最终的目标。

·有重点的目标——目标最好是有限的（根据定义，目标必须有重点才能实现），特定时期内的目标最好不超过六个。

·年中审查——在商定目标之后，应确定年中审查的时间点，以评估进展情况。

·记录目标——现在许多组织使用电子系统来记录、合并和监视目标进度（这使领导者能够看到谁没有设定目标）

● **激励措施**

·激励计划——应该尽早在财年前发布，以最大程度激励员工。

· 激励细节——调节公司、团队和个人业绩之间的平衡。

· 个人目标——有个人元素的地方，应参考双方商定的个人目标。

· 激励标准——应该明确任何可能影响激励，导致误解的因素。例如：如果组织没有达到某些财务目标，是否影响支付个人业绩的费用？员工是否必须在某一日期领取奖金？这种情况很常见，有时这个日期会在奖金期结束之后。

· 记录奖金计划——奖金计划应签署正式记录。

· 进度报告——领导者不必为在一年中向员工汇报奖金的进度而感到尴尬，因为奖金的进度会影响整个团队——它不应该成为 12 个月后消失的话题。

对于目标和激励措施，你还必须确保直接下属制定的目标和激励措施也遵循组织应用的所有指导原则，并且其实施过程由人力资源团队监督。

显然，成功的目标和奖励办法首先取决于对细节的注意。

领导者衡量成功的标准

所有直接下属都有商定的目标和相应的激励计划。

激励计划在财政年度中公布。

已确定年中审查日期。

● **易犯的错误**

执行目标要遵循的原则通常可以被简单描述为"SMART"。

· "S"具体的——明确、具体地描述想要达到的目标。

· "M"可测量的——能够衡量你是否达到了目标。

· "A"可实现的——设定的目标是否可以实现？

· "R"现实的——所拥有的资源能够实现目标吗？

· "T"有时间规划的——希望什么时候达到设定的目标？

以上总结已是老生常谈，但并不意味着它不重要——"目标"如果不可用，则不能达到管理和调整性能的目标。因此，如果目标对绩效提供了不准确的指导，那么激励方案本身就会失效。

● **领导者的检查清单**

· 记住，如果目标和激励与整体远景和战略没有联系，那行动也就徒劳无功。

· 认真对待目标的设置——作为领导者，你应该把它看作是绩效管理的一部分，而不是次要的部分。

· 与团队一起以结构化的方式管理目标设定过程，并至少进行一次年中进度回顾。

· 将目标和激励作为总体绩效管理体系的一部分，确保它们与具体的公司目标相联系。

· 确保目标遵循"SMART"原则。

· 确保激励与公司和个人目标挂钩，并确保不会无偿提供某些奖励。

第六部分

具有共同价值观的国际化团队

　　随着越来越多的人在国际企业工作以及国际客户、供应商和直接就业基础的不断扩大，领导者管理跨境互动的方式变得越来越重要。然而，现实的困难在于这一挑战是多层次的：它暴露了通过文化提高对简单地理位置认识的必要性，囊括了不同的商业实践和监管环境。能够将这一点与大多数企业希望拥有一套共同的企业价值观和商业实践相结合，你就已经为面对紧张的局面做好铺垫，紧张的局势可能会非常严峻，也可能会令人沮丧。

　　迎接这一挑战对于领导者而言非常艰巨，它不可能轻而易举或迅速完成。它需要一个思想开放、善于询问和学习的文化环境，并谦虚地承认实现这样的文化需要时间。在可能的情况下，它要求领导者花时间了解市场，而不是远离市场。

　　在这类书中，没有哪一个章节能真正恰当地说明这项任务的复杂性，但我试图强调以下四个领域是成功的领导者应该关注的：

　　·国际领导力文化——如何发展一种跨越民族差异的文化。

　　·国际战略——要求一种独立于单一国家战略的具体方法。

·国际优先化——一些财富不断增长的市场所代表的机会财富，要求有严格的优先顺序，以确保成功。

·其他国家的团队成员——如何在远离家乡的市场管理团队成员，要求领导者有一些具体的方法和敏感度。

国际领导力文化

所有国际企业都需要一种领导文化,将不同的文化联系起来,实现一个共同的目标。

频率:永久

主要参与者:所有同事

领导力等级:☆☆☆☆

● 目标

在本节的后面,我将描述国际业务发展(见国际战略)和管理海外同事时所面临的挑战(见其他国家的团队成员)。建立超越共同领导文化,支撑着主要国际团队能够在战略方向上实现强有力发展。这种共同领导关系到组织中所有领导人展示的共同价值观,而不论其地理位置和地方管辖权如何,使他们团结在一起的价值观超过其当地市场和文化的差异。

成功的领导者,其核心目标是塑造一个具有共同价值观的国际团队。

● 环境

成功的领导者在塑造一种既尊重国界又无国界的文化方面起着关键作用。从一个侧面看，价值观的细微差别是针对不同类型的企业而言的，如果组织没有一个愿景，以跨越国界的方式表明其成立的原因，那么它将不会成功。这样的愿景必须简洁明了，才能传达给所有员工（见第二部分的愿景与战略），但它必须有一套深层次的共同价值观作为支撑才有可能实现。因为，正如我在这本书的所有章节中所阐明的那样，是组织中的人决定了成功与失败，是领导者使人能够取得非凡的成就。由于国际领导者会在不同的管辖区工作，有着不同的规章制度和习俗，有着不同的机会组合，因此共同的价值观将使这些领导人团结起来，实现愿景。

● 挑战

创造这样的共同价值观面临三个主要挑战。

首先，在所谓的商业相对主义者眼中，价值观只能在特定的愿景中确定，因此任何通用列表都无效。我真的希望不是这样的，有谁会选择在一个价值观如此灵活的组织里工作吗？有谁会认真地争辩说，进步的、以人为本的共同价值观是不存在的？

第二个挑战是，即使领导者相信创造共同价值观的前提，任何一种国际组织都不可能系统地嵌入这种共同价值，领导者更有可能创建一个松散的联盟，而不是"志同道合"的管理者联盟。也许，归根结底，这是一个承诺和毅力的问题：来自最高级管理层的承诺，通过不断重复和相互关联的行动加强的毅力。

第三个核心挑战是，要在具有共同价值观的国际市场上成功运作几乎是不可能的，因为某些市场的商业惯例需要灵活性（即愿意接受"低价值"行为），从而破坏了共同价值的概念本身。这是一个应该被完全拒绝的观点。如果无法维持商定的共同价值观，强硬和具有威慑力的领导层将拒绝在某些市场开展业务（或参与具体交易）。无论如何，随着《反海外腐败法》（美国 1997 年）和《贿赂法》（英国 2010 年）等法律的效力日益提高，也要求市场遵守"诚实和廉正"的价值观。

● **成功**

关键共同价值包括：

·尊重个人——承认所有员工都有发表意见的权利，无论其背景、信仰、肤色或阶级，无论他们有什么样的技能和知识，他们总是有自己的观点，而且总是有能力做出意想不到的决定。

·接受差异——永远不要认为你所知道的、你所熟悉的都是一种准则；总是期望来自不同文化的其他人有不同的观点、不同的工作方式，这些不同的"规范"与你的一样有效。

·宽容——在一个国际环境中，你会遇到许多观点；不要评判你不同意的地方，而是要给予建设性的鼓励，把尊重和对差异的期望结合起来，以便在非对抗气氛中容纳不同意见。

·公平——以透明、一致和有证据的方式做出决策；表现出没有偏见，没有任何假设的态度；准备接受挑战，并能够在合理的情况下改变观点。

·诚实——诚实地说出你对别人的看法，并且期望别人也能够坦诚说出想法；对不好的消息抱有信心，把"真相"当作现实来接受，而不是要逃避的障碍；确保同事知道送信的人从不会为传达的信息承担罪责。

·创造一种文化，在这种文化中，把学习当成一种手段，而不是目的，它是你需要持续的旅程；承认你不知道的东西，公开地分享你的工作；鼓励同事把学习看成是付出和收获——我们都可以相互学习。

领导者的角色是在整个组织或团体内代表这些价值观；毫无疑问，这是一个要求高、持续、无情、富有挑战性甚至令人不安的过程：

·要求严苛，因为它需要坚定的意志和信念；

·连续性，因为愿景和价值观需要被看作是其他无数行动的基础；

·不停地重复，因为只有不停地重复，才会使人相信愿景和价值观；

·充满挑战，因为这些承诺将面临一些怀疑，至少在开始的时候会遭遇怀疑；

·令人不安的，因为一个领导人的决心将永远受到考验。

那么，国际化领导力文化的收获是什么？建立一支由志同道合的领导人组成的国际骨干队伍，提供一致的共同愿景，这是一个诱人的前景。

领导者衡量成功的标准

公司愿景定期在公司所有主要出版物和组织网站上反复出现。

愿景在公开声明和演讲中反复提及。

支持以类似方式发布、重述和定期提及价值观，以便领导人能够定期在组织内按地域和职能进行会晤。

● 易犯的错误

在任何组织中，建立企业文化和价值观，并将它们发扬光大，这其中有两个主要陷阱：

·没有明确领导者的意图——最大的风险就是领导者自己不赞同你的价值观，也没有清晰地向大家传递价值观，使之变得可信。这就意味着价值观会由于没有时常在日常活动中提及而消失；这将意味着，没有定期陈述价值观，将使人们迷失在日常的活动中。

·传达的信息不是领导者所说的意思——没有遵循价值观的指引，在逆境或机遇面前屈服，从而破坏了任何价值宣言的完整性，这是一个巨大的风险，会使价值观处于停滞状态。

● **领导人的检查清单**

·如果你从事的是国际业务，要从一开始就意识到要做铺垫——包括文化。

·大胆、坚持不懈地阐述你的愿景。

·以同样的大胆的方式不停地陈述你的价值观并采取行动来支持它们。

·要意识到，对员工进行评估时，一个关键因素是他们是否有能力分享和传播公司的愿景和价值观。

·表现出国际化：投入时间和精力去参观你的主要市场！

国际战略

大多数领导者要承担国际性的责任，不管是通过客户、合作伙伴还是供应商。你必须学会在思想和行动上国际化。

频率：间歇性

主要参与者：有国际接触的工作人员

领导力等级：☆☆☆☆

● 目标

你可能会面临所谓的"国际发展谬论"，即财富增加和全球化习惯可以与国际发展战略相结合，达到组织无限扩大的可能。然而，从华盛顿到圣彼得堡，从吉隆坡到悉尼，任何人都会知道，品位、习俗和文化仍然千差万别。

经验教训是，在国际化市场中，客户需要的产品和体验往往会在情感上和实践上与全球文化联系在一起，同时又保留身份象征的关键要素——即客户需要规模效益，同时保留社区价值。这是一个模棱两可的问题，需要一个领导者主导的学习方法。

没有一个领导者能够为团队完成这项学习——你只能通过语言和行动来传达一些关键信息，表明学习是必要的。

　·商业愿景、战略和计划应该针对市场机会有明确的定义，以便市场学习成为重点。

·定期访问主要市场，以证明真正的学习是在市场中完成的，而不是依赖总部惯有的角度。

·你应该不断地重申差异的价值和重要性，并指出，例如，我们经常使用术语（出于熟悉性和便利性）将人群和市场联系在一起（如"欧洲"和"亚洲"），这些术语所包含的差异至少与相似性一样多。

主要的国际领导目标是发展一种文化，在这种文化中，对未来的学习的重视不亚于现有知识。

● **环境**

团队可能会在活动中通过客户、供应商、合作伙伴或设立在其他国家的企业的内部运营来满足国际层面的要求。这将带来处理不同商业文化的挑战，从根本上说，领导者只能选择两种方法：

·表现出在"家"做生意的方法适用于任何地方；

·相信成功的国际关系是建立在尊重和接受差异的基础上。

这是领导者在国际交易中必须展示的核心文化价值。可以说，这是一个选择的问题，特别是如果该企业在国内市场占支配地位。但很少有完全是国内的企业，即使重点是国内客户，组织也应该通过利用国际供应商以及从其他国家进入市场的可能性两种方法来降低成本基础。

归根结底，在全球化经济中，这不应该再成为一个选择。但这确实是一个真正的选择，因为你仍然会遇到一些这样的同事，无论是因为缺乏经验还是纯粹的傲慢，他们认为做国际生意的一个关键因素是在其他地方应用他们选择的国内商业模式。他们还认为，他们在其他市场上提供的不仅是具体产品或服务，而且还有他们的文化、他们的愿景，尤其是他们的成就。

● 挑战

在国际上定位团队或组织时，应该始终将陌生的要素放在第一位。关于国际商业的许多争论集中在战略商业模式上。

·出口——一个组织为标准产品寻找市场，不做任何调整进入当地市场；对当地市场结构进行有限的投资。

·通过出口，在已开发的本地市场进行国际投资。这将包括对产品进行有限的精炼或开发，以满足当地口味。

·全球化——在全球范围内交付产品，其标准核心是为特定的市场需求量身打造，并得到当地公司的支持，而全球化创造了标准化的需求（如计算机软件）。

·全球本土化——与国际化相反，该组织的定位是将全球资源、产品和能力与当地市场特有的产品结合起来。

在这些模式之间进行选择，或者从一个模式转换到另一个模式，是一个合理的考虑因素。组织至少已经在一个模型的基础上采取行动了。然而，领导者不应理所当然地认为具备实施或操作其中一种模式需要的知识水平。国际市场环境的确定性是不容置疑的。因此，领导者应该逆势而为：

· 对解决国际市场问题的方式提出挑战；

· 挑战团队对国际市场的看法；

· 引发关于国际市场动态的持续争论。

逆向思维至关重要——如果一个组织需要发展其智力资本，它就必须站在国际舞台上，面对令人眼花缭乱的一系列经济、社会、政治、文化、法律和竞争因素。在对知识的追求中，你是智慧的领导者，这就是对现状不断提出反向挑战。

● **成功**

主张差异的价值以及逆向思维方式，两者结合能够产生灵活的、强大的力量，并能够赋予领导者巨大的洞察力。它使领导者能够发展一种国际业务的方法，不是基于事务模型（尽管出于实际和操作上的原因，这些方法最终必须实施），而是基于对国际多样性和变化的高度敏感。这是任何领导人都要面临的一项艰巨任务，尤其21世纪经济全球化日益明显，产品和口味各异，会诱使业务团队相信，客户行为不可避免会趋同。所以你必须：

· 优先事项——要确保国际优先事项明确且能够管理，不要被看似不错的机会所诱惑，转而雄心勃勃追求那些目前资源无法支持的目标（下一节将更详细地讨论如何安排优先顺序）。

·学习——不断提醒你的团队，每个人对国际市场的了解程度都还远远不够。

·投入时间——永远不要停止在关键的市场上投入个人时间，你要树立榜样，亲自参与，表明你的理解。

·国际化思想——千万不要认为在国内市场有效的东西放在其他国家也一样管用，它从来没有那么简单！

·要谦虚——始终有接受错误，改变方针的决心。

领导者衡量成功的标准

国际销售得到增长。

在国际市场中取得了目标市场份额。

在前一年、三年和五年内，按原计划进入新市场。

● 易犯的错误

我已经根据国内市场假设了与进入市场有关的风险。这些风险显而易见，但同样重要的是，过于热情地提倡发展国际市场，也会带来风险。

·口头上支持国际发展——如果投入以及学习不能与资源匹配，那么，这种在目标市场上的"多"投资可能比没有投资更糟糕。

·肤浅的知识——没有进行足够的研究，低估了国际市场有形和无形的进入壁垒。

·缺乏对当地经验的投入与学习——资深的、有权力的当地工作人员能够发挥好自己特定的市场知识。如果缺乏对他们的投资，或者学习仅仅停留在简单的外籍管理文化，将削弱领导者的效力。

·在过多的市场中运作——对机会的热情导致了"过度扩张"，组织试图在太多的地区发展，会造成资源分散。

● **领导者的检查清单**

·专注于学习——确保负有国际责任的工作人员知道，了解国际市场永远不会有尽头。

·清楚地意识到，在一种环境中行之有效的方法未必能在所有的地方得到完美实践。

·以身作则，定期拜访主要市场，证明你要想对市场有最佳了解，就必须投入到市场中去。

·错开在新市场的投资，确保你的方法是彻底的、有效的，而不是同时处理多个市场。

·首先把投资放在具备当地知识的员工身上。

·注意自己和组织的语言，让它适应时代——比如说"亚太"而不是"远东"。

国际优先事项

领导者在国际上面临的机会远超于他们的能力范围：优先事项则是成功的关键。

频率：偶尔

主要参与者：国际同事

领导力等级：☆☆☆

● 目标

越来越多的企业认识到，在发达或成熟的市场面临长期经济停滞的时候，开发国际市场或出口市场，尤其是新兴市场，则是销售增长的关键。这种局面形成的主要原因是，到 2050 年，新兴中产阶级至少占全球总人口的 50%。面对这种机会的规模和广度，企业需要深思熟虑，仔细分析，以确保国际市场得到优先重视。

全球化的影响并没有减弱，相反，随着全球品牌的日益流行，全球化让国际化变得越来越容易（比如星巴克和苹果无处不在）。但许多壁垒仍然受到监管，文化差异依然存在，为了维护消费者的价值，品牌必须努力建立自己的形象。注意三星超越苹果以及星巴克在澳大利亚失败的例子，它们意味着产品的统治地位从来都不可能固若金汤。

领导者的一个关键目标是在国际战略中谨慎选择目标市场。

● 环境

在领导力发展中，选择的艺术经常被忽视或被低估。它可以说是决策中最难的部分。在任何情况下，说"是"总比较容易，尤其是你面对一个商业机会时。很少有领导者愿意被评价缺乏创新或创业精神，因此他们更可能选择追随机遇而不是拒绝机遇。

然而，懂得何时说"不"是一份非凡的礼物。最经典的例子是史蒂夫·乔布斯，他认为苹果一次推出的产品太多，所以推迟了iPhone 和 iPad 的发布。这个真理的适用范围很广泛，当然也包括国际战略的重点：确保企业不会同时承担过多的任务，这是一个关键的挑战，如果不能清楚地表达出来，那就会带来风险。

因此，至少在战略规划过程中，企业应该对其国际业务进行评估，并重新评估其优先事项。这可能需要对一系列因素进行分析，包括：

· 国内市场上的成长与机遇；

· 其他市场的机会规模；

· 现有国际市场的内部（基础设施的成本效益）和外部（市场份额）规模；

· 熟悉现有企业在主要国际市场的基础设施和合作伙伴；

·基于有机发展或收购增长战略的资本可用性；

·识别、描述和选择不同机会的能力；

·了解不同市场的风险状况以及你希望如何在不同市场上衡量自己的业务；

·应对多个市场的全面管理和基础设施能力。

这无疑是一个简单的列表，但它强调设置优先级过程的复杂度。你的目标是将所有的市场放在以下四个层次中考虑：

·第 1 级——投资和收购的优先事项；

·第 2 级——现有的成熟市场目的是盈利，不太可能被收购；

·第 3 级——新兴市场，未来潜在的重点；

·第 4 级——低优先级，不值得任何投资或进行基础设施建设。

● **挑战**

很有必要设置优先级顺序，它的好处显而易见，乍一看，很难想象这一原则会带来严重挑战。但实际上它有三个领域存在实质性的挑战：

·优先事项可能会排除一些合理的机会——应对这一挑战时，就应该坚持深度专注的好处，远远大于放弃追求非核心机会带来的损失。而且，无论如何，通过采用以上四个层级方法，市场将不断得到审查，例如，机会的大幅增加可能会导致特定市场从第 3 级上升到第 1 级。

·优先事项的风险是，在太少的方面下太多的"赌注"。这是一个真正令人关注的问题，但在整个过程中，通过将市场分配到四个层次中时，每个层次的标准都应该包括对过度集中风险的评估。

·这种优先事项使得管理低优先权的市场变得困难（特别是在二级市场，收购可能被排除在外，或者在四级市场）。这主要是一个管理挑战，也是考虑优先事项的过程。也就是说，你必须在每个市场中拥有适合其第三方地位的领导者（例如，一个天生的商业开发者不应该领导第四方市场）。

● **成功**

成功的优先事项具有以下特征：

·优先事项要求承认和阐明，它既是规划过程的一部分，也是做生意的核心方式。

·核心产品市场和业务模式得到优先同意，将在客户群体和商业模式之间做出选择，以接近他们。

·固定市场吸引力标准——将建立一套评价市场之间相互关系的标准。

·确定的核心优先市场，这些市场将被选择、命名和商定。

·对现有市场的商定分类——将所有市场（包括现有市场）分级。

·有针对性地分配资源——将有一个过程，使资本和人力资源的分配与商定的优先顺序相匹配。

·取消规模扩张或退出市场决策——优先化将不可避免地导致缩减或退出当前市场。

·统一的收购计划——收购目标将与优先市场进行无情的调整。

·对公司基础设施的重新评估——公司资源的地点、规模和性质也将根据优先次序进行审查。

把这些行动和决定放在一起，就会证明确定优先事项的行为是真实可行的，而不是停留在理论上的。

领导者衡量成功的标准

优先事项是一个明确的业务需求。

每个战略计划中都有具体规定。

在年度业务和预算计划中强调了这一点。

● 易犯的错误

在这种情况下，优先事项的缺陷反映了成功因素，因此低优先级的特征可以是以下几个方面的组合：

·不需要划分优先级；

·没有商定的核心产品市场和商业模式的优先顺序；

·没有确定的市场吸引力标准；

· 没有确定的核心优先市场；

· 对现有市场没有或有限度商定的分类；

· 不按优先顺序调整或部分调整资源分配；

· 没有决定去收缩或退出市场；

· 采购方案与优先事项不一致；

· 没有重新评估公司的基础设施，或评估力度不足。

以上所有或部分因素的出现，表明对优先事项的决心并不坚定：要么是对原则的认同有限的，持有怀疑，要么是执行的承诺不完整。这表明，在国际市场上成功地确定优先次序需要极端的决心和承诺。

● **领导者的检查清单**

· 要从一开始就意识到，优先事项要求有无情的决心和坚定的目标。

· 记住，为了让优先事项被认真对待（和其他很多事情一样），它需要清晰和定期的表达。

· 不要回避为市场的优先级设定标准，并根据四层原则进行配置。

· 记住，要使优先事项发挥作用，你必须使所有的活动和资源都与之相一致，而不仅仅是与市场运作相关的显而易见的活动和资源。

其他国家的团队成员

一些领导人在海外有直接下属。这就带来了距离和（潜在的）时差上的挑战，需要特别的关注和远见。

频率：偶尔发生

主要参与者：可能只有少数的直接下属

领导力等级：☆☆

● 目标

任何一个曾经在总部以外的国家工作过的人，尤其是经历过重大时区变化的人，都知道这是一次重要而有影响的挑战。他们有一种从总部官僚主义中解放出来的感觉，还有一种从接近发展中市场中获得的创业精神。通过管理总部的中心服务职能（如人力资源、设施、财务），可能还有机会获得更广泛的商业经验。

当然也可能有明显的消极方面：

·对于本地团队成员，不同的商业文化、知识和语言以及对组织母国文化的不熟悉，都构成了挑战。

·对于外籍团队成员——不同的常驻国文化和商业实践的挑战，都是其与组织的母国重心相离。

作为海外员工的领导者，你有很大的责任确保在共同的基础上追求目标，同时尊重不同国家出现的具体挑战。

● **环境**

领导者，在领导任何国际化商业活动中，都必须敏锐地意识到组织的战略定位，即全球定位。在日常工作中，了解在其他国家谁是关键团队成员，他们来自哪里，有什么经验以及为他们设定的业绩预期。

影响关键团队成员选择的因素包括：

·国际业务是"代表性"还是"贸易性"，因为它们各自有不同的商业要求。

·商业交易需要何种语言。

·与政府和监管机构的互动程度——这影响了对谈判和外交技能的要求。

·一般市场知识与行业知识的平衡。

·商业运作的规模和相关的支持水平——这影响了关键团队成员需要"自我启动"的程度。

·期望与团队成员面对面交流的频率——这可能会带来所需的独立性。

·是否需要有国际组织工作经验。

● **挑战**

首先，领导者要承认，其他国家的团队成员必然与本国团队成员存在差异，并且差异十分复杂，因为海外团队成员可能属于以下四类之一：

·来自组织的母国，并在海外受雇，为外籍人士；

·来自组织的母国并在当地就业；

·来自海外团队所在国；

·既不是来自组织的母国，也不是来自海外团队总部所在地。

随着越来越多的商务人士接受国际教育，并跨国工作和环球旅行，国际多样性正变得越来越普遍。以上四个类别都带来了一系列独特的挑战。

·文化——在外国文化中工作的问题和压力，尤其是对于第一次当领导的人来说，压力巨大。

·家庭——与搬家有关的压力，特别是涉及孩子教育、家庭保健和儿童保育。

·配偶和伴侣——他们可能因搬家而不得不放弃工作，而有时搬家到一个新的地方，很难获得工作机会。

·金融——海外工作对外派人员的主要财务影响。这些往往是非常积极的，但可能会受到税收、养老金和社会保障方面规划不足的影响。

·全球战略——在不同经营环境中，试图实施全球战略和价值观时可能出现的挑战，而高级管理人员的期望也不尽相同。

·区域战略——对区域内国际高级管理人员的挑战，他们在本区域内会面临各种各样的文化差异。

如果你负责向另一个国家派遣员工，那么至关重要的是，从工作调动开始就要履行对他们的承诺。这意味着确保：

·薪酬待遇适当地反映了直接下属所搬迁到的环境。

·他们有足够的机会讨论合同的公平性——比如在生活费用方面。

·他们认识到，税收、养老金和社会保障规划援助可能是必要的。

·你设定的时间表和工作目标反映了员工派遣的需求。

● **成功**

对于驻扎在其他国家的团队成员来说，让他们感觉自己在圈子内非常重要。在许多情况下，参与总部以外的企业经营将为他们提供一种混合情况：

·更大的挑战与更广泛的工作权限；

·他们想怎么做就怎么做。

但是，他们不想有被孤立的感觉。你要确保自己和他们保持充分的沟通，记住"时刻保持沟通"的信条。你必须主动地运用你实施的包容性策略来补偿由身体距离造成的人际距离。其中包括：

·121秒——每周组织一次一对一的电话会议，减少处理工作问题的时间，更多的是提供一个相对固定的时间点，来处理这些基础性问题。

· 会议——通过电话、视频会议或在所有相关会议上提交海外直接报告。

· 总部访问——邀请直接下属参加总部的定期会议，以确保与同事保持个人联系。

· 进行国内访问——计划定期访问你的直接下属的海外办事处，向他们和同事证明你对国际业务的看法并不完全基于总部或员工的看法。

其中一些听起来很简单，甚至微不足道，但其重要性怎么高估也不过分。这样做的目的是确保海外员工感受到并相信他们得到了来自领导的接纳、倾听和包容。如果你只是短暂地运用这种方法，就没有实质性的意义。然而，如果你把它作为你领导方式的永久组成部分，它将有助于你成为真正的国际领导者。

领导者衡量成功的标准

在所有团队会议中（如通过电话），将海外团队成员都包括在内，或与他们单独进行沟通。

安排并执行海外团队成员的121秒。

访问海外团队成员所在的国家，让他们每年至少会有一次与领导者面对面交流的机会。

● 易犯的错误

在不同时区工作的同事们可能会受到国内经理们轻率行为的影响。例如：

· 在家里打电话，并且态度很随意；

· 要求在一天中很早或很晚的时间参加电话会议；

· 在公共假日或不考虑习俗差异的情况下安排电话会议、会议或访问；

· 电子邮件和其他信件内容不符当地文化习惯；

· 不适合个别市场要求的业务流程；

· 按照公司的标准进行雇用安排，而不是为适应市场要求而定制的安排；

· 销售和营销计划流程过于总部化、中心化而没有基于本地市场。

这些只是许多常见示例中的一部分，它们都是可以避免的。

对于在其他国家拥有团队成员的领导者来说，归根结底就是要意识到，对文化差异的有效敏感程度取决于对细节的关注。

● 领导者的检查清单

· 永远记住，无论办公室里的世界是什么样子，"中心"只是一个领导者选择的地方，世界其他地方与这里大不相同。

· 确保所有向你汇报的海外经理都有合适的雇用条件——员工对雇用条件不满会对组织产生不良影响，尤其会导致员工远离领导者。

· 要知道，在管理海外地点方面，行动胜于雄辩。你必须让别人看到你在参与，你必须让别人看到你在从不同的地方和文化中学习。

· 即使你试图用共同的战略和价值观创建一家国际企业，你也必须用不同的语言——尊重差异创造的价值。

· 定期和直接下属交谈——矛盾的是，交流也许比与你在同一地方的同事更频繁。

第七部分

引领高效，降低成本

如果没有明确的成本控制，领导者不可能带领团队走向成功。不管是负责收益账户、成本中心，还是负责一个项目，领导者都需要对成本负责，并且清楚地了解成本来源、目前的成本状况、未来的趋势以及如果需要节约成本，采取何种行动。领导者很有可能面临一个艰苦的竞争环境，更何况持续降低成本是一种商业生活的要求。

至少要做到以下几点：

· 清楚地了解成本的运作以及成本在企业中的不同表现方式；

· 成本管理框架；

· 针对业务所涉及的众多变化和复杂的供应商制定一套基本策略。

这并不是说领导者需要成为一名会计师，而是说成功的领导者要培养一种全面的财务知识，使他们能够主动有效地管理成本。

了解成本

除非掌握了基本的会计基础，否则很难管理成本！

频率：定期

主要参与者：负责成本管理的同事

领导力等级：☆☆☆

● 目标

无论你工作或领导的企业规模有多大，现金始终都是王道，正如它在日常生活中的重要性一样。我们面临一个无法回避的事实：在一段时间内，如果现金流出额超过现金流入额，且赤字不断增加，最终会导致企业或个人破产。

这里给你一个重要的提醒：组织的钱不属于你，但并不意味着你可以区别对待它。然而，如果你是一个挥霍无度的人，并且将对金钱随意的态度带入工作，那么从长远看，这对你和你的事业毫无好处。

我从这种情况中观察到，当你开始谈论现金和保证金时，你就进入了一个必须具备会计基础知识的世界。并不是说作为领导者你就需要成为一名会计师。实际上，你周围会有很多为你工作的会计师。

但是会计基础知识为你提供了一套工具，有助于你进行决策，并帮助你为成功的企业奠定和建立基础。

作为一位领导者，要确保你理解会计的基本原则，它将让你成为一个更好的领导者。

● 环境

为了有效地管理成本，你当然不需要成为一个会计！然而，如果你对财务会计的三个主要动态有一个初步的了解，这将大有裨益。

组织账户的三大支柱：

· 损益——定期报告销售和成本，无论是盈利还是亏损。

· 资产负债表——资产（你拥有的）和负债（你欠的）的报表。

· 现金流——衡量更多资金流入或流出的简单方法。

你负责的三种类型的费用：

· 销售成本（已售的商品）——这些成本可以直接归因于你销售的东西（通常以单位为基础）。

· 日常管理费用（开支）——与经营业务相关的成本，与销售没有直接关系。

· 资本支出——对具有持续（可转售）价值的产品、服务或实物的投资。

现金的重要性——小企业和初创企业给我们的教训是，企业的最终成败，取决于他们是否在银行拥有足够的现金流来维持经营的能力。

这种对基本会计知识的理解，意义不在于让你拥有会计能力（你不会，也不应该去尝试），而是去理解你的决策对财务业绩可能造成的影响。

● **挑战**

管理一个组织的成本并不像听起来那么简单，运作、销售、营销和服务客户，各类繁多的活动通通需要付费。即使是在一个小而简单的企业中，也可能有大量单独产生费用的活动。审查这些项目可能会很困难；事实上，时间常常是有效管理成本的敌人。一些非常具体的挑战包括：

· 了解要承担的费用——拥有准确记录已发生费用的系统。

· 了解不同的成本分别是什么以及它们对业务的影响。

· 了解正在合作的供应商及其使用的条款——供应商越多越难以理清成本。

· 成本责任——负责成本的人越多，就越难清晰地了解总体成本状况。

· 决心——要准备调查和有效管理成本，需要有面对现实既得利益的坚定决心。

最重要的是，理解并因此有效管理成本需要有挑战目前做事方式的决心,因为降低成本往往需要改变同事的行为、伙伴关系和文化,所以降低成本很可能让你面临前所未有的最大阻力。

● 成功

当然,随着时间的推移,我们可以通过利润率来衡量理解成本的有效性。在短期内,有许多明确的衡量标准可以向任何领导者表明,通过理解成本,它们正朝着利润率增长的方向前进,特别是:

·对基本会计术语有清晰的了解;

·牢牢把握损益与资产负债表之间的关系;

·了解哪些因素会严重影响企业的现金状况;

·明确业务运营模式中驱动现金的参数;

·分析成本属于哪种——销售成本、管理费用;

·了解企业合作的供应商的范围以及成本类型和类别;

·分析谁进行采购以及采购在整个业务中的协调程度;

·审查采购专业人员在多大程度上就关键供应商合同进行了谈判,并根据备选方案确定基准;

·审查供应商合理化和整合的机会;

·审查成本授权控制及其执行的程度;

·了解组织的结构本身如何驱动成本,例如重叠 / 重复是否会产生额外的费用。

如果你开始在这些方面入手,你就已经成功一半了!

领导者衡量成功的标准

已掌握业务成本结构的核心要素。

有一个计划来实现利润最大化。

有一个减少年度成本的计划。

● 易犯的错误

有效理解成本的两个主要障碍都与人有关：

你学的远远还不够。作为一个领导者，你必须学习上面所描述的理解成本的基础。有些来自经验，有些可能来自阅读，有些可能来自特定的课程（如"非财务经理的财务"）。不要害怕你的无知，更重要的是不要害怕承认它，并为此做些什么——任何程度的财务无知都会大大削弱你的效率。

你没有合适的团队来处理成本问题，因此你必须拥有具备足够资源和合适系统的财务团队以有效地监控和报告成本。但是，你首先必须有合适的人同意你的成本，在某个阶段，这意味着你需要有专业采购经验的同事。毕竟，关于软件的技术知识并不能让你具备成为合适的买家的谈判技巧。

● 领导者的检查清单

· 承认你对成本有不了解的地方！

· 制定机制，无论是正式的还是非正式的，以提高你对成本动态的了解。

- 确保了解销售成本、管理费用和资本之间的基本区别。

- 确保团队中有合适的人员负责采购决策。

- 不允许组织结构掩盖成本。

- 坚定不移，尽管你将遇到重大阻力。

管理成本

人们很容易将成本管理视为"削减费用"。然而并非如此，成本管理是关于你对资源和优先事项的态度，它不是指你把钱花在什么上，而是指你怎么花的。

频率：持续不断，总会有要省钱的地方！

主要参与者：与预算相关的人

领导力等级：☆☆☆

● 目标

作为一名商业领袖，你不可避免地要承担一些经济责任。你需要展示财务管理的能力，特别是在预算内实现团队计划绩效的能力。因此，你必须致力于应用以下六项原则：

·计划——清楚支出的战略和运营重点。

·应急措施——财务计划应包括针对意外情况的准备。

·支持——在面对计划和进行中的财务问题时，你需要（除非你是会计师）强大的财务支持。

·授权——在明确的结构（有时称为"授权"）中进行工作，授予何人何种程度的支出水平。

·报告——财务报告应彻底、定期且透明，以便准确了解正在产生的绩效。

·行动——使用财务信息来采取纠正措施以实现预期的绩效。

领导者的目标是将成本管理视为有计划、有系统地交付绩效的关键工具。

● **环境**

成本管理与组织结构密不可分。从本质上讲，有许多因素构成了领导者控制成本的能力：

·在业务中，要实现固定成本和可变成本之间的平衡并不容易，需要更长的时间来影响和改变。

·对驱动成本负有责任的人员——你可能处于成本的接收端，而这些成本是你无法控制的。

·对供应商管理负有的人员责任——采购职能的存在或其他方面可能影响成本管理的有效性，并影响到整个组织结构中的成本管理。例如，如果你用矩阵操作，则需要分担部分费用或定期进行内部协商。

·控制和批准机制的存在和有效性——例如，是否执行了成本管理指南？

·领导者对待成本的态度——企业的主要领导者是否体现了对资源进行谨慎管理的态度？

虽然成本管理归根结底是一个会计问题，但它的整体管理方式在很大程度上反映了组织的文化状况。

● 挑战

以我的经验，一个组织管理成本的能力在很大程度上受到两个因素的制约。

·恐惧——改变计划支出通常意味着要增减其他人的预算。降低成本可能会对战略目标、就业水平、组织结构以及与内部和外部供应商的现有关系构成挑战。

·僵化——随着时间的推移，企业倾向于假定公认的工作方式和文化标准，而这些标准可能不会被口头表达出来。这就是我在此前所说的"我们一贯这么做"的心态。计划降低成本可能会挑战根深蒂固的准则。对组织文化的挑战至少和对成本的挑战一样重要。

作为一个领导者，你要勇敢和灵活——否认现状，假定任何合法性，准备提出令人不安的问题，挑战传统假设，如果有的话，争取反主流文化。

● 成功

财务和会计十分复杂，技术性很强。你在这一领域的成功将取决于你采取一种从根本上切实可行的方法。你不仅要证明成本管理的重要性，而且要证明你个人对成本管理的参与。

・财务规划——你必须深入参与业务部门的所有财务规划（尤其是在每个战略、预算审查阶段），并熟悉所有关键财务驱动因素。你不能把财务问题通通留给财务人员。

・财务关系——你与财务人员的关系（如果你有财务总监的话）至关重要，因为你将依赖于他们的精明和洞察力。这是一段你必须认真处理的关系——你需要对同事的可靠性有充分的信心。

・实质性——你必须对你负责的成本足够熟悉，知道什么是实质性因素（即知道哪些要素会产生影响）。

・应急计划——如果事情出乎意料的话，千万不要在没有考虑该怎么做的情况下就深入你的业务领域；始终提前设计你可能要采取的纠正措施。

・优先事项——清楚地知道什么是重要的，你的主次事项是什么。坦率地说，你要知道你准备牺牲什么。

・控制和授权——有一个控制体系，这样每个为你工作的人都清楚他们能做什么，不能做什么，确保你参与到所有你需要做的财务决策中。

・报告——有达到所需程度的详细成本报告（至少每月一次），并且能够通过实质性测试（即跟踪的成本达到有效决策所需的水平）。

・公开报告——确保财务报告在你的同事中是透明的，这样就可以清楚地了解共同的责任。

・采购——利用采购专业人员的技能，系统地分析和降低成本，只要成本规模合适。

·外包和内包——对内包的优点持开放态度；有时持续使用外部资源可能比专门的内部资源更昂贵。不要把外包作为节约成本的必然选择。

·下一阶段的削减——当你要求你的团队考虑降低成本的机会时，开始思考下一个阶段、下一个领域降低成本的方法。这是你的同事没有意识到的。

·流程回顾——鼓励你所有的员工分析他们的业务职能，将其作为一系列流程来确定能够实现节约的流程改进。

·活动回顾——进一步要求你的员工确定可以完全取消的活动。

·技术审查——确定所有人工任务，并在合理的情况下，寻求用更便宜的自动化替代方法取代它们。

·进化思维——远离上面描述的所有活动，思考你的业务领域是如何进化的。考虑可能进一步降低成本的结构变化。

这一系列动作的长度和深度本身表明管理成本的复杂性。它需要广泛的财务和个人技能，对成本管理的文化影响有敏锐的敏感度，同时对业务领域有全面而详细的了解，并且能够分析当前、中期和长期的情况。

领导者衡量成功的标准

将成本与销售百分比与同行进行了对比。

成本占销售额的百分比每年呈下降趋势。

进行了流程、活动和技术审查。

● **易犯的错误**

财务和成本管理存在的主要风险是不能给自己留出回旋余地，特别是在以下情况下：

· 无应急计划；

· 做出太多的承诺；

· 对支出的管控太松弛；

· 财务报告和支出透明度差；

· 不能灵活地思考不同的行为方式。

因此，成本管理还有一层意义在于期待意外并为之制订计划！

● **领导者的检查清单**

· 重点学习运营业务中的财务支柱——损益表、资产负债表和现金流。

· 了解领导者要负责的三种类型的成本以及它们对业务的不同影响。

· 永远不要忘记"现金为王"。

·勇于面对恐惧和克服惰性，否则将阻碍评估降低成本的机会。

·明白成本管理是复杂的、多维度的。

·优先考虑与财务人员建立良好的关系，这是值得的。

·请记住采购专业人员的口头禅——企业总是可以节省5%~10%。

供应商战略

供应商战略是要看到经营业务或业务部门的总成本，并管理供应商以实现成本和流程上的变革。

频率：永不停止

主要参与者：组织的供应商合作伙伴

领导力等级：☆☆☆☆

● 目标

供应商对企业的价值往往被低估，作为领导者，你需要理解他们可能产生的变革性影响。领导者很容易便会将供应商看作是"花钱"的组织，并认为你们之间的关系是通过商定价格和管理合同来实现的，由此忽视，懒得去管理。

出于会计目的，企业内部的支出通常被划分为不同的类别，通常是销售成本、管理费用或资本支出。最好是将支出看作一个总的现金成本，并考虑支出类别。例如，所有的信息技术或物流支出，这里不考虑其会计分类。

一个错误的问题是：

·我如何降低目前所做之事的成本？

这个问题意味着领导者认为所有当前的活动和流程都是正确的，有问题的是交付成本。这种行为实际上可以描述为"购买"。

正确的问题包括：

· 应该进行哪些流程？

· 流程可以更简化一些吗？

· 谁应该负责流程？

这就是供应链管理。领导者必须对其想要达到的目标有一个完全清晰的认识——什么是可交付成果或结果，以什么价格交付（这些取决于你对价值的定义）。然后，领导者可以在一个灵活的基础上与供应商合作，在这个基础上，可以接受任何提供价值的选择。这是一个过程，即：

· 挑战性——把所有假设都放在一边。

· 持续不断——永不停息，总是有机会进行进一步的变革。

或许关键的目标是认识到供应商是合作伙伴的变革代理人——他们的外部视角使我们能够在组织将要经历的必要变革中采取"友好的关键"方法。

● 环境

组织经常自省核心竞争力是什么。供应链管理经常会引发领导者采取外包的考虑，即让第三方组织承担工作。这两个问题可能会混淆：

· 核心竞争力——这些活动为客户的主张增值。

· 内包或外包——与谁承担任务和活动有关。

这是一个重要的区别，因为可以假设核心竞争力必然来自内在资源——事实并非如此。通常，这种能力的性质会被误解。举三个例子：

· 豪华连锁酒店——专注于提供优质的体验并不意味着它生产优质的亚麻布；而是它知道从哪里购买优质亚麻布。

· 以书籍设计闻名的出版商——专注于设计并不意味着它雇用了设计师；而是它拥有强大的视觉品牌，知道如何雇用设计师来实现其指导方针。

· 以其高质量的讲座而闻名的商学院——专注于高质量的内容和演讲并不意味着它雇用的讲师最好；而是它了解什么是讲座质量，知道谁是最好的讲师。

通过对核心能力采取灵活的、结果明确的方法，你将评估供应商伙伴关系的机会，而不需要预先定义"谁做什么"。

● 挑战

领导者将面临的核心挑战是确保在团队或组织中，对供应商管理、供应链管理、采购订单和采购之间的区别有一个清晰的认识。

· 供应商管理——这本质上是供应商和客户之间的关系管理，侧重于处理长期战略和短期矛盾之间的问题。

·供应链管理——主要是所有供应商的物流组织和整合，主要关注库存和营运资本管理。

·采购订单——这是下订单的管理过程。

·采购——这是供应商管理、审查流程和持续降低成本的战略方法。

采购是一门专业学科，是任何成功供应商计划的战略基石。领导者必须提高采购的形象，并确保得到人们理解。同时采购通常应与它所适用的功能规程分离，例如，IT 专家不应负责 IT 采购！

● 成功

供应商管理的细节错综复杂，但它们基于一系列必要的态度，作为领导者，你需要在团队中灌输这些态度。

·合作伙伴关系——将与供应商的合作方式看作是一系列建设性的伙伴关系，而不是对抗性的僵局，因为双方都能从共同的成功中获得最大的收益。

·人际关系——从供应商处获取最佳结果，取决于你们建立的一种信任关系，通过这种信任关系，可以各自深入了解彼此的组织，从而使它们成为彼此的延伸。

·采购管理——必须看到组织与供应商在采购方面的关系（如上所述），这首先是一个战略角度。

·频率——必须定期与战略采购合作伙伴见面，这是建立互信的唯一途径，而互信则是成功的基础。

· 策略和战术——尽管这些在本质上是战略关系，但你必须准备好学习、理解、管理和应对战术细节。只有实实在在参与其中时，对供应商的尊重才会增加。

· 网络——业务很可能依赖于许多相互关联的供应商。你必须把他们视为一个网络群体，作为一个团队来培养，分享和学习专业知识。

· 关键绩效指标——供应商关系必须以可衡量的绩效目标为基础，但你不应该成为它们的奴隶；因为它们本身只是指导，而不是目标。

· 共赢——除非双方都认可成功的结果，否则任何关系都是徒劳的，因此你的目标始终应该是创造双赢结果。

· 合同——所有的供应商关系都必须以合同／法律条款和期望为基础，如果某一天你们开始互相引用合同条例，那就是宣告关系开始破裂了。

· 流程——必须计划让供应商完全透明地参与所有（相关的）流程。只有这样，他们才能充分参与改进分析。

· 责任——同样，你不应该对"谁做什么"有先入之见。好的供应商总是会挑战现状，并提出替代方法。

· 能力——在一个由技术驱动、日新月异的世界里，不应该对能力做任何假设。组织曾经专攻的领域可能会迅速被组织外最新的专业技术所取代。

·反馈——随时准备接受供应商的反馈。

·学习——最重要的是，把供应商和合作伙伴的关系看作是学习的一种方式。你的组织无法也不会知道所有一切的答案。

供应商管理的真正成功不是来自创新或降低成本的计划（尽管这些都是必要的结果），而是来自你对它们所代表的机会的态度。

领导者衡量成功的标准

知道自己有多少位供应商。

定期审查所有的供应商。

每一位供应商都有 KPIs 衡量标准。

● 易犯的错误

采购本身就是一种技能，它带来了一种特定的战略方法去思考供应商在任何特定组织中的作用。如果没有这种特定的战略思维，那么供应商会被认为是一种事务行为，不过是众多供应过程中流动的一个因素。这随之而来的是对待供应商的肤浅的管理态度。

·数量——关注有多少位供应商。虽然这肯定是效率的一个指标，但它没有绝对正确的数字。关注数量会分散你对供应商想要达到的目标的思考。

·选择——对供应商的选择主要基于成本比较。虽然成本始终是一个主要因素,但过度关注成本会分散对供应商能力的实质性分析。

·管理——管理建立在对 KPI 分析的基础上，而不是直接供应商的参与上。虽然关键绩效指标很重要，但它们并不能取代在战略和问题上的面对面接触。

·推卸责任——当事情出错时（肯定会！）你很容易会指责供应商，而没有思考流程中所有可能出错的问题，而这些问题有可能是你的组织产生的。

● **领导者的检查清单**

·供应商是合作伙伴，而不是对手——他们代表着扩大组织人才库的一个重要机会。

·确保团队了解采购订单、供应链管理、供应商管理和采购之间的区别。

·记住，在某个领域具备专业知识，并不代表是该领域的谈判购买专家！

·少关注所拥有供应商的数量，多关注他们为组织带来的质量提升和创新。

·在团队或组织中对问题和挑战保持透明——保持开放性是让供应商发挥最大作用的必要条件。

·鼓励和享受一种相互反馈的文化——组织和供应商之间有很多可以互相学习的地方。

第八部分

带领团队创造非凡业绩

领导者真的太难了，总是有那么多的事情需要考虑，有那么多的问题需要平衡，有那么多的挑战要面对。无论计划如何周全，总会有意料之外的事情发生。不过有一点我们可以肯定，那就是组织生意取决于客户，没有他们，就没有领导者需要考虑的业务。

作为领导者，要确保团队不会把顾客看作是"现成"的个人或实体，只需把产品卖给他们就好。你的主要任务是把顾客带入内部——创造一种商业文化，其性质和每一个决定根据顾客的需要来决定。

如果"了解客户"是指了解如何管理他们，那很抱歉，这并非正解。这也不是关于提供优质的服务（虽然这很重要）；也不是关于定期调查客户对你的看法。

它的意义在于为你的业务打开生理上和心理上的大门，建立合作伙伴关系，使客户从核心向外影响你的活动，它是把客户看作业务发展过程中的关键部分，而不只是产品的接受者；它关乎战略关系而非交易关系；它关乎你能从客户身上学到多少。

最重要的是谦卑。你要意识到，企业领导力并不存在于领导团队中潜在的独特世界中。在最好的情况下，它就存在于最有价值的客户内部。他们将指引你走向领导者不曾涉足的领域。

顾客的重要性

顾客塑造了企业，企业的需求才会随之得到满足。没有顾客，就没有生意。领导者必须确保所有员工把顾客放在第一位。

频率：不停迭代

主要参与者：所有员工

领导力等级：☆☆☆☆

● 目标

当前的事实显而易见：没有客户，企业就不存在。作为一名领导者，必须为自己设定一个目标，确保在团队和行动中，决策和计划中应用了客户的观点。这将不可避免地意味着要超越组织结构，将客户视为合作伙伴，而不仅仅是商品和服务的接受者。

这个目标包括五个广泛而重要的范畴：

·顾客需要什么产品和服务；

·顾客预备支付多少钱；

·企业如何销售和推销自己；

·企业如何沟通；

·企业如何管理服务。

领导者的角色是确保团队在任何时候都有谦卑的意识和态度，通过客户的棱镜审视自己。

● **环境**

将客户放在第一位，是系列广泛文化声明中的一部分。它确保组织以一种对市场敏感的方式运作。这些措施主要包括：

· 同事在执行规划和战略中扮演的角色；

· 同事影响销售的方式；

· 同事推销业务的方式；

· 同事是如何为所有人服务，而不是为一个部门服务；

· 团队中，流程设计对于向客户提供细致的管理交流服务十分重要。

中心目标是：

· 为了一个共同的目标将整个组织联合起来，使所有的同事都知道他们将共同影响业绩；

· 避免大家认为客户只属于某一部分人而忽视共同努力。

● **挑战**

在日常业务的挑战中，人们可能忽略了"客户的重要性"这个简单的事实：

· 活动和任务带来了巨大压力；

·高层管理人员缺乏对客户的讨论；

·每周、每月、每季度、每年流程的循环，使得流程本身成为目的；

·竞争对手和供应商的行动，快速地影响了对市场的日常感知；

·注重管理制度和流程，而它们在本质上很大程度是内部因素；

·组织严密的团队的工作效果，按照定义，这也是内部因素，不包括客户在内。

应对这些挑战的方法是将客户纳入组织框架中——制定战略发展的参考点。

● **成功**

要成为一名能够和客户打成一片的高效领导者，你必须坚持不懈地将客户的概念带入团队中：

·谈论客户——所有的团队会议都应该提到客户，使用电子邮件和演示文稿，凸显其重要性。

·团队会议议程——在所有团队会议上，都应该分配讨论客户问题的时间，并且与销售的时间分开。

·亲自去见客户——表明你认真的态度。

·鼓励其他人与客户见面——应该鼓励尽可能多的员工去做。

·了解客户——与客户见面是了解客户生活方式、市场或业务变化的一种途径。

· 收集顾客反馈——从会议、社交媒体、电子邮件、电话等途径收集回来的客户反馈应该整理好，对所涉业务做好精确的记录。

· 顾客反馈循环——让尽可能多的同事知道顾客的反馈。

· 客户满意度衡量——非正式反馈应与通过计划调查收集到的正式反馈一起衡量。

· 认识新客户——努力寻找与潜在客户打交道的方法，并辨别出什么能令他们改变想法。

· 会见客户群体——有些客户组成团队，代表着他们拥有共同的问题，你应该借此来认识市场的趋势。

· 焦点小组——如有必要，对客户启用焦点小组。

· 战略规划——在战略和年度计划中定义和发展客户战略。

· 从非客户群体中传播客户的概念——特别强调，要与那些认为自己与销售或服务毫无关系的群体（IT、财务、设备）进行讨论。

如果说有什么需要迫切实施和行动，甚至事关战略布局，那么它就是谈论客户。除非你和所有员工反复地谈论客户，让他们意识到你认真的态度，否则他们不会认真对待客户。

领导者衡量成功的标准

对客户进行讨论。

客户得到满足。

整理并公布客户反馈意见。

- **易犯的错误**

团队中有些言论会带来风险，令人困扰，它可能与团队的工作经验脱节。这些言论可能包括：

· 我们不做市场调查；

· 我们不设计产品；

· 我们不做电话销售；

· 我们不接受服务电话 / 投诉电话；

· 我们不策划营销活动；

· 我们不关注客户信用；

· 我们从不与顾客见面或交谈。

他们中有许多人实际上不会这么做，答案是：

· 完全实施上述行动，使员工无法感到与客户的体验相联系；

· 要求每一个有疑问的团队成员思考、分析他们所做的影响客户关系的事情，并从这个角度扩展他们对客户的洞察力。

- **领导者的检查清单**

· 不停地谈论客户，不要害怕这样做！

· 与你团队中的所有成员交谈——所有人都对客户有影响力。

· 不断强调客户属于每个人，而不只属于一个部门。

· 制订计划以便尽可能多的人能够真正地接触客户。

· 确保客户反馈得到尽可能广泛的整理和发布。

· 确定收集和公布客户满意度调查的措施。

客户之旅 1：客户体验

即使向员工灌输了"客户的重要性"，领导者也必须开始详细地理解"投入"客户的关键点，以确保它们能满足客户的期望。

频率：定期评审

主要参与者：所有员工，无一例外

领导力等级：☆ ☆ ☆ ☆

● 目标

作为领导者，你是客户的终极捍卫者。如果组织的领导者没有将客户置于第一位，那么它最终将导致客户不断地减少，同时降低客户满意度。当然，"客户重要性"的一部分是确保产品和服务满足客户需求。但是这一业务需求有一个局限性，即它忽略了整个参与过程，客户"满足"供应商的所有接触点。这里的风险在于，组织过于专注于其产品的创造，以至于忽略了这可能是客户参与过程中极有限的一部分。

无论你是经营一家新企业，规划其首次进军新市场，还是作为一家老牌企业的领导者，你都必须退后一步，宣传客户之旅，了解这些领域的整个过程，我称之为"接触点"，也就是在销售前、销售中或销售后与客户接触。这是一个潜在的复杂和扩展的分析过程——它可能挑战许多假设，暴露职能之间的紧张关系，并破坏企业认为的独特卖点。

然而，最终的好处是更清楚地了解客户如何看待业务、竞争的运作方式，并清楚地认识到业务如何获得竞争优势。

客户之旅迫使一家企业将一面镜子对准自己，像别人一样看到自己的优劣。

● **环境**

组织很容易忽视客户与他们接触的情况。原因有很多：

· 内部流程和系统往往代表历史和遗留，而不是未来的意图；

· 专门为减少与客户联系时间而设计的自动化客户界面；

· 持续的成本压力，驱动了一种少干，而不是多干的文化；

· 为了自己的利益对产品过分认同，没有从顾客所追求的利益出发；

· 奖励制度没有包括面向顾客的措施。

保持客户的中心地位，势必要与"内在主义"、肤浅短视和权宜之计做无情斗争。

● **挑战**

人们很容易混淆组织的内部和外部特征。在最坏的情况下，它将导致一个组织向客户描述和标记自己，更多地反映内部结构的细微差别，而非客户需求。同样，如果领导者不小心，他们也会从组织的角度来看待他们的客户以及他们的客户的经验，并以此管理他们的业务——运营、销售、营销、信贷控制，等等。

这里的风险在于，面向客户的策略要么主要从"产品"或"客户服务"功能中制定，要么按部门广泛制定。这种差异虽然在组织内部非常重要——它们是所有重要内部身份的关键标志——但不能也不应该用来反映客户对供应商的看法。

● **成功**

客户之旅过程中的以下几个步骤领导者要掌握：

·描述"客户之旅"是什么。向团队解释该过程的性质以及需要这样做的原因。

·指定顾客权益维护者——这个人将领导过程并为客户辩护。他可以是（虽然不需要）销售部门的人，只要他们足够客观。

·建立一个团队来审查"客户之旅"——这将涉及所有核心职能的代表，尤其是因为营销涉及每一个人，没有人能从客户的参与中分离出来。

·设定概要——领导者需审核业务，从客户的角度看业务，以确保企业客户的接触是紧密无间的，并在这个过程中向客户传达自己的竞争优势。

·覆盖客户——坚持让客户也参与到这个过程中（具体的方式和时间需要仔细分析）。通过这种参与，审查小组充分了解了如何从外部看待组织的现实。

·设定目标——确定所需的结果。这不需要包括结构分析，因为调查客户之旅的过程本身就会驱动这个过程。

结果应该是：

·描述记录所有客户接触点（可能是文字叙述，可能是图表展示）；

·清晰地分析各区域的竞争对手行为；

·对组织的相对业绩进行客观评估；

·对各领域的行动提出建议和改进；

·定期审查执行情况。

通过强制所有功能团队的输入，强调客户对每个部门的重要性，并确保多维问题得到多维分析。这是绝对关键的，因为缺乏多维度的方法，往往意味着客户会流失。

领导者衡量成功的标准

客户之旅审查给出了所有客户接触点的完整分析。

有文件记录和时间表的后续行动计划，并且是否做到定期审查？

组织商定了顾客满意度测试措施。在实施客户之旅后，了解接下来的趋势是什么？

● 易犯的错误

既然领导者是客户的最终拥护者，那么客户之旅就不能只是一次性的。它必须成为一种永久性的思维方式，成为组织企业语言中的咒语。如果没有，那么客户之旅将被视为一次事件或一次潮流。

例如，规定"客户"是常规管理会议日程上的一个长期项目（而不是"客户服务"）来加强客户之旅的中心地位。此外，你可以要求定期（比如每季度）对客户之旅进行更新或复查。最后，你应该准备好向所有员工和商业伙伴阐明客户之旅的重要性。

有一种观点认为，客户之旅评估听起来像是按另一个名称重新设计的业务流程（BPR），但以我的经验，BPR 往往侧重于内部流程和相关成本。我强烈建议，任何这样的重新设计过程都应在客户之旅回顾的基础上完成，这样 BPR 的结果才会与客户的需求一致。如果客户之旅已经到位，则会避免许多破坏性的流程变更（如过度外包和自动化呼叫中心）。

● 领导者的检查清单

·成为客户和客户需求的坚定拥护者。努力将这一方法应用到所有的论述和主题中，并通过实例证明，是客户而非组织引导你。

·将客户之旅概念作为众多保持面向客户的方法之一。

·不要认为只有销售或客户服务部门才对客户负责——敦促所有部门将自己视为满足客户需求的永恒的一部分。

·定期使用客户之旅流程（通过更新），不仅可以强化客户第一的信息，还可以确保组织满足客户不断变化的需求。

·在这个过程中，不要害怕让客户自己参与进来，要欢迎、鼓励和坚持它。

客户之旅 2：技术之旅

无论一个企业如何彻底地审查客户的接触点，它也需要确保其技术战略与客户保持一致。

频率：定期审查

主要参与者：所有面向客户的员工

领导力等级：☆☆☆☆

● 目标

今天的商业运作都离不开最基本的 PC 技术。越来越多的技术支撑着几乎每一个用户界面。以下列表并未全部列出：

· 在线和应用程序内订购以及电子邮件确认；

· 语音识别电话订购；

· 信用卡支付系统；

· 基于 Web 的客户服务；

· 社交媒体互动；

· 在线信息资源——包括"常见问题"；

· 对交付物流的电子监测，包括手持式电子收据 / 签字技术；

· 呼叫中心队列管理系统，带有脚本化的"触摸按钮 1"例程。

作为一名领导者，需要清楚地知道这些技术的实施（通常被视为正常的，它们是一个先决条件）实际上支持了你的组织对客户之旅的愿景。你需要特别确认，技术不会成为业务和客户之间的障碍。

确保技术能够使客户之旅成功，而不是使其受挫。

● 环境

上述类型的客户接口技术是可以广泛运用实施的。我们大多数人都能够认识到它们的价值：

·降低成本和提高效率——人们普遍认为，面向客户的技术可以使以前的人工任务自动化，也可以更快地处理数据，从而提供服务（例如，在线支付取代了通过电话读取信用卡扣费）。

·改善客户体验——许多客户喜欢在线购物提供的可控感；他们决定在哪里和何时购物，逃脱了实体店的营业时间限制，因为大多数在线商店都是一年 365 天，一周 7 天，一天 24 小时营业。

·越来越多的选择——许多面向客户的技术拓宽了商品对消费者的可用性（例如，亚马逊网站上销售的书籍范围）。

·不断增长的知识——如今许多消费者对他们正在评估的东西有了更多的了解（例如，房地产经纪人经常使用三维图像来展示房产）。

·增加购买力——许多客户喜欢更先进的控制技术（例如，在网上精确选择他们在剧院的座位）。

这些基本上都是一般性的好处，以我所指出的特定方式起作用。在这种情况下，领导者的挑战是确保企业识别技术带来具体的而非一般性的好处。

● 挑战

科技无处不在，IT 部门的时代已经（或者应该）一去不复返了。领导者认识到，技术不是一个部门或职能，而是所有团队的工具。他们明白，至少有以下六个领域的客户互动技术需要评估和理解。

· 企业基础设施——主要影响企业内部网络和能力，某些因素会影响客户体验，例如，带宽的管理会影响网站的易用性。

· 在线订购系统（电子商务）——一些关键的选择必须在这里确定。例如，可接受的货币和信用卡。

· 在线广告——核心是组织的网站，仅仅因为它们"存在"并不意味着它们可以被使用。例如，有些网站要求用户下载最新版本的 Flash 才能观看，这可能会影响客户的体验，或者完全阻止他们观看。

· 在线营销——在搜索引擎优化（SEO）的支持下，社交网站（SNS）的使用是在线营销中一个越来越关键的方面，需要营销人员提供特定的技能。

· 基于技术的产品——当然，这是一个很大的领域，从产品与其他系统的兼容性（或与其他系统不兼容）的程度来说至关重要。

例如，运行软件产品所需的 PC 规范。

·呼叫中心管理——运营呼叫中心的机构在自动化队列管理系统方面投入了大量资金。因为这些因素对客户体验的影响非常重要，尤其是它们的前端通常涉及数字选择系统。

如果你记得从客户的角度来看待技术在这些领域的价值，你就不会出错。

● **成功**

从本质上讲，领导者应该将技术作为一个独立的后续过程进行评审，与《客户之旅 1：客户体验》中描述的过程不同。这三个简单的步骤是：

·完成客户之旅 1——这本质上是一个非技术性的观点，因为它映射了客户的接触点。

·覆盖客户之旅 2——这就创造了一个"技术旅程"，描述了技术方面的主要客户旅程。

·评估技术旅程的风险和脆弱性——这意味着重新审视客户如何通过其技术"满足"组织以及实际影响。

有一些基本的问题可以为这种审查提供信息。

·是否实现了我们所说的和客户想要的？

·对技术的使用在多大程度上需要客户改变行为？

·客户自己期望达到多少技术标准？

·什么是技术没有做到的?

问这样的基本问题并不尴尬——这些问题往往是在急于技术化时被忽视的问题。

领导者衡量成功的标准

有一个映射到主要客户之旅的技术旅程。

标识了客户与技术交互的具体方式。

每个接口都有风险评估。

● **易犯的错误**

回顾技术之旅是必要的。必须透过客户的眼睛来看待公司的技术。最大的风险是被警告的声音蒙骗,他们认为:

·技术应由技术人员评审;

·技术过于多样化和复杂,难以审查;

·许多不同的技术,其中一些缺乏互操作性,因此不可能进行综合审查;

·许多遗留系统限制了可实现的目标;

·客户并不认为他们的互动是任何形式的"技术之旅",因此无论如何,这种努力都是毫无意义的。

领导者必须警惕这当中最大的陷阱——什么都不做。

● **领导者的检查清单**

·要警惕技术充斥所有的商业活动，但也千万不要忽视它。不要让技术专家来管理它！

·确保人员发展计划充分识别所有团队对技术能力的需求。

·让团队明白为什么你需要一个单独的技术旅程回顾——来验证你的客户承诺是否真的兑现。

·从客户的角度来看技术的作用，并始终保持这种观点。

卖！卖！卖！

销售是一个组织的生命线。通过专注于"卖！卖！卖！"展示销售是每个人角色的一部分。

频率：永远

主要参与者：每个人

领导力等级：☆☆☆☆☆

● 目标

人们很容易认为"销售"属于"销售部门"的工作，没有"销售"头衔或工作描述的人都不属于"销售部门"。这种条块分割的观点使人们远离销售问题，尤其是如果销售没有达到组织所期望的水平。

领导者有一个简单的任务：坚持"卖！卖！卖！"并且需要团队意识到：

·没有销售，谈何生意；

·整个团队或组织都需要对销售负责；

·"销售"是可能与客户有主要联系的团队的名称，但不是对责任的描述；

·不管你是否意识到，每一个职能都会影响销售；

·所有的团队，不管团队名称是什么，都应该参与到销售的讨论中来。

根据组织的性质，领导者可能会面临额外的挑战。有些组织不会和所有同事公开谈论销售，这并不是因为销售被视为"部门性的"，而是因为人们普遍不愿意尴尬地在公开场合提出这个问题。领导者的职责是确保在任何地方和每个人讨论销售。

你是首席销售官——只有你投入销售工作中，谈论销售事宜、大力提倡销售，人们才会意识到销售是每个人的责任。

● **环境**

也许我们所有人都曾在这样的组织中工作过，在这些组织中，构思、制造、营销、销售和支持产品或服务的人之间存在着结构性的分裂。这些广泛的职能中的每一个都包含专门的、合格的专业人员。他们首先认同自己的专长。由于有一个名为"销售"的专业领域，大多数员工都会认为销售属于这个"部门"。

企业与客户之间的互动越来越复杂，尤其是由技术驱动的互动——产品本身是以技术为基础的，销售和支持基于技术的系统也是如此。这种参与的复杂性使得销售不可能成为一个孤立的功能。

作为领导者，你需要在知识和专业越来越共享的环境中实现职责多元化。现在经营设计工作室或 Web 服务的人，谁没有几个具有创造性和技术能力的人才呢？

因此在销售中需要认识到：

·销售部门管理客户关系；

·实际的销售团队是整个业务。

● **挑战**

"卖！卖！卖！"成为一个口头禅，通过这个口头禅，你可以宣扬销售的重要性以及每个人为了组织的事业参与销售。在以下情况下，你或许会面临最严厉的阻力：

·销售团队的一些同事会认为销售是为了自己的利益，害怕外人的干预；

·一些非销售同事会认为销售与他们无关；

·一些团队成员会接受这个概念，但会辩称，鉴于他们现有的工作职责，他们没有多少时间去思考销售；

·一些人会相信这个概念，但他们不知道如何影响销售，尤其是如果他们在一个非常不同的领域工作；

·有些同事只在这种办法与具体的货币奖励挂钩的情况下才做出答复；

·有人可能会想"卖！卖！卖！"无非是哗众取宠。就像所有的咒语一样，领导者有信念、承诺和决心的话是可以说服怀疑者的。

● 成功

你开始将"卖！卖！卖！"作为整个任期的努力而不是单一事件。

· 在每次公开演讲中谈论销售——明确地讲清楚销售是你的想法。

· 将销售放在团队会议日程的首位——强调销售对组织存在的重要性。

· 满足关键客户——重申销售是每个人的责任。

· 与销售同事同行——了解与客户一起工作的经历。

· 倾听客户销售或服务电话——进一步听到真实的客户描述他们在组织中的经历。

· 组织销售团队工作坊——可以与销售团队详细讨论，了解他们在公司看到的销售障碍。

· 坚持要求所有直接下属与客户会面，并接听呼叫中心的电话（如果相关的话）——这再次强化了"销售是每个人的责任"，并使所有高级职员接触真正的客户。

· 在定期的电子邮件沟通中宣传销售工作——如果你在所有的常规员工沟通中谈论销售业绩，你就会清楚地知道销售是一个永无止境的目的。

· 确保显示销售业绩——销售数据应通过电子记分板或张贴在关键位置的挂图突出显示，以便所有员工看到实际数据。

· 与所有部门一起审查"销售影响"，与每个团队一起评估他们如何直接或间接地为销售工作做出贡献。

·进行定期"卖！卖！卖！"活动——业务面临特殊的销售挑战，包括销售活动的所有同事，所以他们不被视为属于销售团队。

·为销售活动制定全组织的激励措施——寻求传播奖励和激励措施。

·启动全组织的"销售理念"计划，定期邀请所有员工，无论其职能，贡献关于创造销售的想法。

领导者有很多丰富的接口可以挖掘，可以利用它来激发整个工作社区的销售热情。让所有同事相信他们能够影响销售。但正如上述活动的广度所表明的那样，这需要同时在许多方面采取行动。

领导者衡量成功的标准

讨论销售。

销售是每个人的目标和激励，如果相关的话。

在组织中，销售目标和业绩是显而易见的。

● 易犯的错误

像"卖！卖！卖！"这样的销售方法需要一个坚持不懈和无畏的专注的方法。需要警惕以下情况：

·领导者放任不管——没有看透这一方法，失去了对销售的关注，而销售恰恰是组织的生命之血。

·领导者缺乏支持——无法说服直接下属相信销售的重要性。

·领导未能与同事进行清晰的沟通，人们普遍认为，毕竟，销售真正是为销售团队服务的。

如何避免这些陷阱？不管同事有什么反应，不管领导者有什么困难。就像这本书中描述的所有咒语一样，组织没有空间让领导者自我怀疑，在这种情况下，领导者需要找到一种方法，给自己的信仰重新充电。在这里，有一个知己（通常是同龄人）会使工作进展更顺利，他们可以成为一个试探板，向领导者表达怀疑，并起到强化目的的作用。

进一步的支持措施是确保人力资源团队参与销售的战略目标。他们能够就如何将所涉及的一系列活动有效地嵌入到组织中提出建议，并能够洞察组织的反应方式。

● **领导者的检查清单**

·不要害怕谈论销售，销售可以维持一个企业的正常运转！

·经常提醒团队，每个人都会影响销售。

·以团队所做的方式与客户见面，通过电话、面对面等方式，从客户的角度看待公司。

·创建或参与强化销售重要性的活动方案。

·确保团队的销售业绩得到定期公开的宣传和讨论。

·绝对不要让那些暗示或认可销售只属于销售部门的想法或对话出现。

第九部分

打造个人影响力品牌

营销不是一个职能、一个部门或一套特定的技能。将营销工作局限于营销部门的组织会制约其对营销的理解，并对客户和利益相关者审视业务产生错误理解。

营销是一个组织在各个方面向外界展示自己的方式，包括从处理电话的最小细节到最昂贵的媒体活动。它关系到如何与所有的利益相关者沟通，不仅是与客户沟通，也与供应商和合作伙伴沟通。这也关系到它对待同事，对世界上最有责任实现其成功的成员所说的话。

营销是最终的描述——它与沟通有关，但不仅与语言有关。产品的性质、设计的方式、销售和交付的成功程度以及服务的工作方式，都会像任何一场竞选活动一样，充分说明你的组织。

成功的营销会做出承诺并兑现承诺，反复循环。而不成功的营销在做出承诺后就会让客户失望。

商业领袖往往忽视了成功营销所需要的包容性。他们忘记了这样一个事实：每一位员工，采取的每一次行动、每一个系统和流程，都在阐述组织本身，包括它的精神、它的价值观和它的目标。很多时候，组织在竞选中做出承诺，但却未能在行动层面兑现承诺，在竞选中的良好意图并没有转化为行动。

作为领导者，你是首席营销官，你必须体现组织的外部承诺，并确保整个团队也是如此。

全民营销

营销不是某个部门的职责。组织中的每个人都是营销者，都会对他们的组织说些什么。

频率：永远

主要参与者：每个人

领导力等级：☆☆☆☆☆

● 目标

你有多少次由于得到的服务体验与广告宣传中的花哨词汇不符而感到愤怒？以连锁酒店为例，为了满足业务需求承诺提供优质体验，却由粗鲁、脾气暴躁的员工提供服务？针对常旅客提供的专属休息室，事实上却为数量庞大的非专属旅客提供服务？渠务维修提供快速响应的管道服务，然而技术人员通常工作量过多，而不能保证按预约的时间进行？呼叫中心可以为你解答几乎所有问题的答案，只是客户等待的时间长到可以听完他们录制的全部音乐歌曲？

我不得不说，在 21 世纪的商业世界里，令人失望的时刻往往比期待得到满足或超越期待的时刻更多。可悲的结果是，我学会了控制它们，以减少挫败感。但我不认为这是企业普遍采取的一场骗局。

如今很少有垄断企业会强加高额的转换成本，而且客户很容易转换供应商，不管他们是消费者还是企业。事实上，这样做从来都不容易。

你的目标是确保在团队中，每个人在与客户互动中都能实现他们的承诺。

● 环境

那么，有趣的问题来了，为什么客户经常会失望呢？这个问题很大程度上取决于营销的整体概念。至于营销是一种职能（做广告和直邮的团队），还是产品开发和定位的战略方法（波特和 BCG 模型的某种组合），我们留给别人讨论。这其实很简单，营销包括组织和利益相关者之间的每一次接触。作为领导者，你的职责是确保你的组织很好地理解这一原则，并将其融入企业的血液中。

这是个艰巨的任务，意味着每一封邮件、每一封信、每一通电话、每一个订单、每一个包裹、每一次会议、每一次问候、每一个行动的每一个细节都必须对组织的信念、价值观和核心主张做出陈述。

● 挑战

领导者的职责是发展这种理解，帮助组织从顾客的角度看问题；时刻从顾客的角度来界定自己的行为；以一种首先满足顾客需求，而不是满足内部便利需求的方式完善参与的所有方面。在这种方法中，任何人都无法脱身，因此营销就是关乎每个人，而不是一个部门或一个产品计划，它是一种企业生活方式。

没有一个领导者能够看到所有参与的领域，也不可能实时监视它们。最重要的是你以身作则，从客户的角度挑战所有问题——你是最终的客户拥护者。你的劝勉超越任何一个自然的层面，对领导者能力来说是如此重要，只有一直重复，你的信息才会被人相信。你也要注意观察和倾听那些表明客户没有被放在第一位的迹象，例如：

· "我们一直都是这样做的"——表明现状被不假思索地嵌入，没有考虑客户需求的变化；

· 客户对重复性问题的投诉较多；

· 内部投诉，特别是处理客户事务的员工投诉，尽管承诺采取补救措施，但是影响客户感知的问题仍被一再忽视；

· 任何明确地将内部官僚机构需求置于客户需求之上的声明或流程。

这必须是一个反复不断的过程，成功的领导者永远不能放弃客户的主导地位。你必须沉闷地重复，不断强调每个人都会影响组织的定位和声誉。

● 成功

加强客户主导地位的主要策略是确保"全民营销"的概念成为每个人对待工作的态度和方法。

·第一天——从第一天开始，你就要反复谈论客户，他们是组织的生命线。通过顾客体验的棱镜来看待问题，使之成为一种商业生活方式。

·所有的同事——始终强调，所有的同事都对顾客互动有直接或间接的影响，所有的员工都是整个营销主张的关键。

·面向所有人的营销——拒绝让营销成为营销部的工作（就像客户服务不是客户服务部的工作一样），并将营销作为每一个人的工作描述。

·营销属于每一个人——如果需要的话，把这个概念作为一个正式的项目来介绍，以鼓励部门和部门间分析员工是如何影响核心主张的。

·客户之旅——用"客户之旅"的概念来强化这种营销理念（参见第八部分中的《客户旅程1：客户体验》），这是一个进一步的分析工具，通过客户的眼睛来看待业务。

·业绩——拒绝容忍与客户体验相关的糟糕业绩表现。言之，行之。

·调查——应该进行定期和详细的客户体验和满意度调查。

要做到上述要求，领导者将不得不继续发表听起来很奇怪的言论，也会经常遇到不理解或完全反对的声音。许多人可能仍然会觉得营销只是营销部门的事情。

首席营销官将用自己的个性化销售和营销活动，来证明营销属于营销部门的想法是错误的。

领导者衡量成功的标准

销售增长。

营业利润百分比增长。

市场份额百分比增长。

● 易犯的错误

任何一个组织的成功都由精心计划的有效实施驱动。反过来也一样，没有注意到计划实施的细节，则会成倍地增加失败的风险。因此，让营销成为每个人的任务：

·谈论"营销属于每个人"，然而没有后续行动。这种言行的矛盾使营销成为另一个管理上的流星，来去无痕。

·将营销视为某个部门职责，这种竖井式的方法会使员工放弃对自己对于客户营销的任何责任。

·不同团队中面向客户的策略毫无关联。在这种情况下，团队虽然以客户为导向，但缺少联系。"营销属于每个人"变成了每个人破碎的单独营销，碎片化意味着对客户没有共同的看法。

·无法对整合营销方法中的持续失误做出回应。没有得到执行支持的承诺有可能变成完全没有承诺，因为言行不一，"营销属于每个人"的理念就变得肤浅。

·组织不听取反馈。营销不是单向的过程，它必须包含反馈机制。任何对顾客反馈充耳不闻的营销承诺都是在自欺欺人。

信息需要贯穿始终。只有反复和坚定的承诺才能使"营销属于每个人"成为每个人都接受的现实。

● 领导者的检查清单

·要清楚，营销是每个人的商业生活方式，而不是一句口号。

·连接营销是每个人围绕客户旅程开展的概念。

·谈论它，谈论它，谈论它——直到你脸色发青，即使这样也可能不够！

·把自己想象成团队的首席营销官。

·永远不要把市场营销当作一个部门。

·确保所有团队都理解并支持营销计划，而不仅仅是所谓的营销部门。

·获取关于客户对团队业务活动任何方面的详细反馈，亲自查看反馈，并执行。

·确保在所有的团队会议上公开讨论客户反馈。

·明确营销的成功标准：销售、利润和市场份额。

品牌和组织身份

所有的组织都会为自己或产品命名，有些会成为"品牌"。你必须在将品牌与内部组织身份分离的过程中发挥作用。

频率：始终存在

主要参与者：所有员工，无论他们是否意识到这一点

领导力等级：☆☆☆

● 目标

品牌可以是一个商标或与特定产品或服务相关的名称。当它变得众所周知，我们便可以说它已经实现了品牌的认可。对消费者来说，品牌代表定义的附加值，而对品牌所有者而言，品牌可以获得溢价，并具有内在的可交易价值，通常称为品牌资产。成功的品牌获得物理特征，创造所谓的品牌标识，其中可能包括一个可识别的标志或短语。最终，组织成为其品牌或品牌的守护者，而品牌管理则试图将该组织的所有活动结合起来，以巩固确定的品牌价值。

与品牌的接触和对品牌的想象两者间是有区别的，它们通常分别被称为品牌体验（使用产品的感觉）和品牌形象（我们对产品的看法）。

同时，拥有和开发产品品牌的组织也会决定自己的企业形象。在某些情况下（例如苹果和BBC），它的身份将与其产品和服务相匹配。在某些情况下，组织本身就拥有一个定义性的商业品牌——一个企业名称，因为它是一个产品品牌组合的管理。组织也可以声明组织的价值观，这些价值观有时可以在道德或价值观陈述中找到。在这方面，CEO成为公司品牌和价值观管理者。

当越来越多的产品和服务变得商品化时，品牌对组织来说是越来越有价值的资产。因此，至关重要的是，在每一个层面上，一个组织都要将其名称、活动和价值观的使用与其所选择的品牌保持一致，并在品牌层次结构中理解其员工为谁工作以及他们销售的产品之间的必要的相似性和差异性。

每一个级别的领导者都必须把自己看作一个品牌经理，并认识到自身的行为是如何增加或减少品牌价值。

● **环境**

为一个组织工作就像加入一个运动队或俱乐部，有一种归属感。归属感体验是一个非常强大的工具，它能够将团队的行动集中在有利于客户的方面，有助于公司品牌的发展，而这些品牌的现实符合他们的承诺。当它的归属感和客户的感觉相匹配时，就是最强大的时候。

大多数人都希望自己对受雇的组织产生归属感。他们希望每天花八到十个小时的时间来让雇主觉得他们的工作物有所值，而不仅仅是停留在金钱层面。他们在寻找自我价值和自尊的回报。他们还希望组织能够通过占领占主导地位的市场份额取得成功。

因此，品牌不仅可以成为顾客的价值象征，可以成为员工的价值象征。它成为一种可识别但无形的机制，将客户和员工绑定在一个共享社区中。

● 挑战

品牌和身份管理看起来很精细，甚至很遥远，特别是如果你不在消费品行业工作时。但是，互联网带来的民主化，使更多的人可以接触到更多的企业，它创造了一个"平坦的地球"，所有类型企业的品牌都可以更快地崛起（和衰落）。企业必须避免以下三大风险：

·品牌模糊性——不清楚品牌代表什么，因此难以有效地调整支持活动，例如，酒店提供的服务与广告宣传的承诺不符。

·品牌随意性——品牌的使用方式不一致，表明其应用缺乏监管，例如使用了多种不同的视觉标识。

·品牌混淆——不清楚品牌到底是什么，例如，一个组织使用广泛的不同品牌，没有明显的战略，经常随机地混合产品和公司名称。

你可能无法直接影响品牌的应用，但你可以：

·确定品牌含义不清的地方；

·确定品牌使用不一致或随意的地方;

·向团队强调品牌管理的重要性;

·把品牌问题传达给能够影响品牌的同事。

这是一个专业领域，受心理学和管理学的影响。你可能会觉得这是一个很难参与的领域，而你的主要挑战是要意识到问题和风险，并对此保持敏感。

● **成功**

我建议，要想成功地参与品牌推广和身份识别，你需要遵循以下六个步骤：

1. 要意识到，品牌和身份是最终影响组织价值的问题，它们会受到所有员工行为的影响。

2. 要清楚品牌和组织身份并不一定是一回事。

3. 要知道至少八种品牌（一种品牌等级制度）：

·公司名称——母公司名称，例如 Corus。

·单独的品牌——特定产品的名称，例如马麦酱。

·态度品牌——一种生活方式的宣言，例如星巴克。

·图标品牌——一个渴望的宣言，例如苹果。

·衍生品牌——大型产品的一个组成部分本身就成为品牌，例如英特尔。

·延伸品牌——一个品牌是由它原来的产品延伸而来，例如法拉利品牌的衣服。

·多品牌——供应商选择采用同一类别的几个品牌，如吉百利的各种巧克力系列。

·自有品牌——品牌经销商开始给商品贴上自己的名字，比如乐购。

你的组织可以使用任意以上吊牌。

4. 认识到，你的组织可以单独使用内部的、结构上的描述性术语。假设有一家叫安德森的公司在经营酒店，酒店品牌是罗素（高级）和马克（中端）。这可能包括：

·管理报告结构（安德森管理委员会）；

·法律实体（安德森印度有限公司）；

·区域管理实体（安德森亚洲）；

·国家管理实体（安德森新加坡）；

·功能实体（安德森餐饮）；

·市场部门（安德森高级酒店集团）；

·部门（安德森高级酒店集团，亚洲）；

·业务单位（罗素酒店，中国）；

·产品单元（马克酒店）。

这些都不一定是品牌。

5. 要明白，最终的"品牌管理"是一个全公司的活动，而不是营销部门的活动。没有人可以排除对品牌表现的责任。

6. 相信自己的角色参与其中并参与你的角色，提高对品牌管理相关问题和风险的认识。

领导者衡量成功的标准

组织知道它的品牌是什么。

组织有管理品牌的流程。

有明确的关于品牌的价值声明。

● **易犯的错误**

品牌的最大风险不在于品牌本身，而在于主办机构的性质，因为最终品牌的价值（有意或无意）代表着他们的母公司，而母公司可以影响品牌的财务价值。

风险存在于以下具体情况中：

· 组织不清楚品牌的代表含义——缺乏一个清晰或令人信服的愿景（例如，BBC 应该提供什么样的服务）。

· 组织的声明与它的品牌主张不相符——最著名的或许是杰拉德·拉特纳（Gerald Ratner）形容他的珠宝连锁店的产品是"垃圾"。

· 组织的做法与它的形象不符——例如，有人指控耐克在制造业使用童工。

· 一个产品或服务不能提供承诺的特征——例如，在 20 世纪 70 年代，英国利兰汽车品牌被认为质量不过关。

领导者的角色是品牌监控系统的一部分，尤其要警惕：

·缺乏明确的品牌目的和意义；

·执行方面缺乏一致性和承诺。

如果你没有每天认真聆听、观察品牌的"言行"，以维护品牌的完整性，那么你就成了品牌恶化和贬值的同谋。

● 领导者的检查清单

·意识到公司的标签不仅仅是名称，它们可以成为具有独立价值的品牌。

·理解品牌和组织身份之间的区别——两者可能不同。

·花些时间和精力去理解品牌等级——学习八种品牌。

·记住，品牌管理不仅仅是设计和标识。它是关于组织对产品或服务的所有行为的说明。

·还要记住，所有的员工都对品牌价值有潜在的影响。

·把自己视为领导者和品牌管理者——你是所有品牌价值的拥护者和守护者。

·准备好不断地执行品牌价值——它们就像任何价值观一样，一旦妥协，很快就会失去。

沟通：获取传递信息

领导者需要有策略来确保内部和外部利益相关者获悉一致的关键消息。

频率：不停地

主要参与者：沟通专业人员

领导力等级：☆☆☆

● 目标

在任何时候，组织都会有想要传达给它的利益相关者的信息，这需要仔细的思考和计划。同样重要的是，领导者需要考虑他们要接触的对象想要以及希望消息具有什么影响。在这个过程中，领导者应该有一些明确的目标。

· 领导者想要传达什么信息，为什么；

· 领导者想在什么时候传递信息，传递给谁；

· 内部和外部消息之间存在什么关系；

· 消息传递的手段和媒体是什么；

· 每个消息实例传递的频率是多少；

· 监控反馈，以便评估影响。

领导者还将评估传递信息的对象，接着进行沟通，你需要管理专业的沟通专家（能理解信息的艺术）与传递关键信息的同事之间的平衡。

抛开任何关于偶尔发布新闻稿的想法，确保组织拥有社交媒体。它关乎在一个实时评论的世界中进行交流。在这个世界中，社交媒体（尤其是 Twitter）比以往任何时候都能更快、更广泛地为受众提供有影响力的交流和回应。正因为如此，它改变了通信游戏的规则。

沟通比以往任何时候都更应该成为组织生活的核心，其管理可以对股东价值产生重大影响。

● 环境

沟通曾经是一个由内而外的过程，在这个过程中，组织机构完全控制着媒体、时间和观众，但现在：

· 社交媒体让我们所有人都成为传播者；

· 新闻成了即时的而不是日常的；

· 互联网搜索为一切事物提供了广告牌；

· 移动媒体使得新闻和信息可以即时访问和共享；

· 社交媒体削弱了控制力，使制定新闻议程的能力多元化；

· 移动视频使曾经可控的强大图像能够即时共享；

· 无障碍环境正在创造新的、快速发展的、快速变化的、流动的利益群体，而传统的利益攸关方群体并没有对这些群体做出界定。

管理沟通当中具备的复杂性，往往给领导带来关键挑战。正因其复杂，领导者想要控制流程就变得越来越难，也难以及时传递信息。

● **挑战**

组织在制定前后一致的传播战略和方案时，往往面临着许多明显的挑战。

·沟通需要专业人士，没有专业人士作为协助，只会沦为失去重点的二流活动。

·时间——沟通需要时间，尤其在制订计划的时候。许多方面必须有机结合在一起，才能成功地在许多职能部门之间进行沟通，这点在大型组织中尤其明显。

·理解消费者的观点——诚然，任何沟通计划都必须代表组织希望表达的内容，但消费者或外部利益相关者的反应在沟通规划中也发挥关键作用。如果忽略他们的反应，将导致信息过度内部化，缺乏对利益相关者的关注（例如，2012/2013 年可口可乐广告，似乎暗示可口可乐饮者并不肥胖！）

·一致性与"杜撰"无关。一致性是确保在重复消息的时候，以一致的方式进行，前后矛盾会迅速破坏核心消息。

·管理流程——无论计划了多少沟通，外部非计划事件通常会影响沟通流程。所以，需要能够实现快速反应的系统流程。

简而言之，沟通是一个复杂的动态领域，领导者不能妄想控制它。

● **成功**

开发一种成功的沟通方法需要组织长期坚持协调一致的努力。它要求组织具有明确的叙述，描述组织的价值观、战略和行动，并持续地、真诚地、一致地传达。这至少需要：

·专职员工——为他们提供资源，并授权他们专注于沟通事宜。

·清晰的计划——基于组织的战略，通过一系列行动来表达。

·参与类型——一个列出内部和外部利益相关者接触的各种方式的计划。

·利用媒体——复杂的媒体使用，它不仅利用了社交媒体的力量，还利用了它的反馈和动员潜力。

·一致性——对一致性采取坦率无情的态度，以使精心制定的计划不会因不必要的活动而偏离轨道。

·覆盖面——一个监测过程，以衡量沟通规划及其对业务的影响和有效性。

·媒体培训——确保必须与媒体接触的工作人员接受培训。

·融入商业计划——让沟通成为战略的一部分，而不是事后的想法。

·整合到业务运营中——同样地将沟通嵌入到日常的活动流

程中。

这些简单的指导原则涵盖了大量的复杂细节，可以确保沟通在数字化和多元化环境中占据重要战略地位。

领导者衡量成功的标准

已经评估了业务是否需要沟通。

具备沟通计划。

具备沟通的关键绩效考核。

● 易犯的错误

这里面临的主要风险是，沟通不具备策略性质，有可能完全陷入被动的境地。在这种情况下，沟通可能：

· 缺乏计划性，由事件而非计划所驱动；

· 脱离战略计划或其他类型的计划，因此被视为偶然的事件；

· 不一致，因此容易出错，破坏核心业务战略；

· 由一群缺乏训练和协调能力的人承担。

企业忽视沟通战略是有风险的。我们如今融入了传播民主化的浪潮，它使得组织和政府几乎无处藏身。越来越多的组织发现，基于社交媒体的传播工具正使组织受到事件和流行内容，或会带来不满情绪的事件和浪潮所驱动。

● **领导者的检查清单**

· 考虑到媒介的多元化，从不能实现控制传播的角度出发。

· 确保组织（在相关情况下）有投入负责沟通的同事。

· 创建一个核心叙事，描述组织"故事"。

· 沟通计划建立在滚动式基础上，但资源要专用于活动。

· 确保沟通策略和运作包含了局外人的客观观点。

· 努力达成一致——注意细节会带来好结果。

第十部分

用一种做事方式影响另一种做事方式

通过技术创新，变革以前所未有的规模席卷了所有企业。10 年前，拥有高估值的新商业模式企业几乎还不存在。购物习惯的改变从根本上改变了零售业的格局。基于传播的社交媒体业务正在成为商业巨头。最根本的是，在脸书、谷歌、苹果、亚马逊这一小部分企业中，移动电话、平板电脑、搜索、社交媒体、新闻、视频和音乐等领域正在融合。

这本书不可能对变化的规模和速度做出公正的评价，但是对于我所选择的领导者艺术来说，这本书主要关注以下三个至关重要的领域：

· 理解由数字转换驱动的变化本质；

· 数字产品开发的核心地位；

· 对工作技能的影响。

数字商业曾经是分离的（尤其是在 dot.com 时代）。没有一个企业没有实现某种程度上的数字化。所以所有的领导者都是数字领导者。

数字化转型

互联网彻底改变了商业。它的力量必须加以利用，以推动客户参与整个领域的业务改进。

频率：要求反应速度非常快

主要参与者：越来越多的全体员工

领导力等级：☆ ☆ ☆ ☆ ☆ ☆ ☆

● 目标

对于太多人来说，"网络"最初只是一个电子广告牌，如今仍然是一个电子广告牌，虽然现在稍微复杂一点儿，但本质上仍是静态的和单向的。但也有例外，著名的例子是亚马逊、苹果、Facebook 和 Twitter，它们真正开启了网络的力量，使其具有动态性和互动性。尽管它强大到无处不在，但许多人使用谷歌，仍然只是作为一个加速"查找"目录，即使 YouTube 已经将广播的权力向公众下放，但它基本上仍是单向的。

网络提供的营销机会是以全新的方式发现、参与和与客户互动，改变客户在业务结构中的地位和角色，或许最重要的是，转变营销观念，使客户不再被视为沟通的接收端。

媒体技术的使用正在发生范式转变（见下表 10-1）。

领导者的目标是认识到这种范式的转变，从根本上重新平衡生产者和消费者之间的关系。

表 10-1　媒体技术使用转变

旧媒体	新媒体
静态	动态
广播	互动
点对点	移动
生产者主导	用户生成
封闭社区	开放社区
被管制	自由化
生产者设定	贸易条件
生产者控制通信工具	消费者有相同的工具
"封闭工厂"的沟通技巧	所有人都拥有的沟通技巧
生产商选择目标市场	消费者选择进入市场

● 环境

现在世界分为数字原住民和数字移民：

· 数字原住民——出生在移动数字媒体时代的人，不超过 21 岁。

· 数字移民——其他人。

这种大胆的区分，对某些人来说是深刻的激进，对其他人来说则是故意的简化，它描述了一种重大的文化、行为和态度转变。它描述了消费者期望接收和处理信息的方式以及娱乐的方式得到大规模的代际变化。随之而来的问题是，谁能控制和访问数据？谁能理解和使用技术的范式转变？

随着数字原住民的数量和力量不断增长，许多组织将被迫对这一代的变化做出反应，采用主要由数字原住居民组成的团队很可能主要由数字移民组成。这确实要求组织开展重大的教育行动，以了解新技术和新的消费者行为。

很简单，领导者需要知道谁是数字移民和数字原住民，从现实出发，了解整个团队在本土——移民谱系中的位置，塑造对这种范式变化的反应。

● 挑战

领导者面临的最大挑战就是让团队面对变革。必须找到方法使他们能够面对正在经历的巨大的范式转变。

其中一种方法是提出一系列变化的事实，例如：

·电视受众人数达到 5000 万人花费了 38 年的时间，而 Facebook 只要 2 年；

·2010 年招聘榜单的前 10 名职位并不存在于 2004 年的招聘榜单上；

·谷歌搜索量现在是每月 10 亿次，15% 是以前从未被搜索过的；

·一年创造的信息量现在达到了 1.8ZB（1.8×2^{40}GB），比过

去 5000 年的总和还要多；

·在美国，平均每人每分钟发三次推文；

·1984 年，互联网设备的数量为 1000 台，2020 年将达到 500 亿台。

这些事实强调的是变化的规模和速度。领导者必须强调组织所面临的变化巨大且快速。

● **成功**

面对天翻地覆的变化，领导者必须有足够的勇气去改变团队内部的争论，必须采取一种提问式的风格，要求团队回答一系列全新的问题（见表 10-2）。

表 10-2　新旧问题表

新问题	旧问题
谁是我没有想到的竞争对手？	我的竞争对手在做什么？
有哪些技术我没有听说过？	如何应用 X 技术？
如何使用互联网技术创建新产品和服务？	如何将互联网技术应用于现有产品？
哪些客户是我从来没有想到过的？	我的客户怎么想？
我的客户有什么关于我的信息？	我应该给我的客户提供什么信息？
一个有 17 年数字母语经验的人如何解决这个问题？	我的经验丰富的团队是怎么想的？
我在哪个行业？	行业对于变革的共识是什么？
我如何从头开始重塑我的业务？	如何进行增量更改？
我的新商业模式是什么？	互联网如何影响我的商业模式？

在未来的 6 个月里会发生哪些根本性的变化？在接下来的 3 年里，我们预计会有哪些变化？

与任何范式转变一样，领导者的角色是拥抱它，而不是希望它消失。领导者要成为一个积极的内部人，而不是一个消极的外部人。没有一个领导者能指望得到所有问题的答案，但你可以确保团队中的人正在提出疑问。

领导者衡量成功的标准

业务谈论数字原住民和数字移民。

商业衡量创新。

数字销售交易占有比例增加。

● 易犯的错误

那些认为改变不会对团队或组织造成影响的领导者，实际上会暗藏风险。面对巨变，他们很可能发现，自己无路可退。例如：

·当文件共享出现时，有哪些音乐提供商将其作为机遇而非威胁？

·有哪些 24 小时的新闻机构计划通过推特更快地发布新闻？

以上两个例子是被改变打败的真实教训。今天你必须准备好面对令人不适的现实。甚至是彻头彻尾的恐惧。以下是一些抵抗的信号：

·以传统为基础维护现状的领导者。我担心，传统是自满者惯用的借口；

·不使用社交媒体的领导者。你怎么能理解数字原住民的生活方式？

·领导者如果认为新媒体是由生产者主导的、传播是可以控制的，那么他还没能理解"用户生成"传播的力量，表明他缺乏对权力平衡变化的洞察力。

许多领导人不可能是数字原住民，但他们可以承认自己的存在，并确保他们的见解得到重视。

● 领导者的检查清单

·认识到数字时代代表了一种范式的转变——一切都有待争夺。

·理解数字原住民和数字移民之间的深刻差异。

·帮助团队意识到，如果客户超过 21 岁，他们很可能是数字移民，需要从数字原住民的角度学习。

·意识到团队需要一个严格的流程，对所接受的假设进行严格审问。

·要认识到今天的变化规模和速度是前所未有的，变化本身的性质也在变化。

·鉴于变化的规模，思考并识别团队中的数字拥护者。

·请记住，许多对变革本质的洞察，都来自那些你不认为是竞争对手或合作伙伴的组织。

领导数字产品开发

新产品开发是几乎所有组织的生命线。所有的领导者都会直接或间接地为产品能够满足客户需求的文化做出贡献。

频率：周期越来越短

主要参与者：由专家驱动，但正确的态度会鼓励或阻止所有员工

领导力等级：☆ ☆ ☆ ☆

● 目标

商业关系变得有利可图的基础是，组织向其客户出售一个或多个产品，其投资资本的回报率高于通过简单的货币市场投资所能获得的回报率。这在很大程度上取决于交付客户想要的东西，进而理解客户需求变化的方式并采取行动。

产品开发的核心目标是超越今天的盈利交易，开发明天和未来将要销售的产品。现在所有的发展都依赖于数字技术。因此，很简单，成功的产品开发取决于：

· 了解当今实际流行（或不流行）的产品；

· 与客户接触，了解他们的购买欲望以及他们的购买方式可能会如何变化；

· 追踪技术是如何改变组织提供给客户的产品。

领导者的职责是确保组织对产品敏感，也就是对客户的需求和创新可能性保持敏感。

● 环境

领导者如何在组织中培养出一种谦逊的创新精神？这种精神不依赖于既得的成就，不会对顾客的反馈充耳不闻，它随时准备好挑战规范和现状，可以让你思考那些看似不可想象的事情。

根据定义，创新是没有规则的。一些组织（如著名的 3M）允许员工贡献部分带薪工作，投入到自己的想法中，这就是所谓的"臭鼬工程"。另一些人则试图通过设立环形创新或风险投资基金，将种子投资正式化。

要促进创新，你必须采取创新的立场。你必须：

· 反主流文化——随时准备拒绝是组织特定"方式"的建议。

· 打破传统——准备挑战所有公认的规范。

· 思想开放——接受任何甚至是离奇古怪的想法。

· 多元化——无论思想来自何处，来自何方，都要敞开胸怀。

· 同类相残——不畏惧会威胁现有业务的想法。

· 国际化——渴望学习多种文化。

· 代际——渴望以全新的视角向新一代学习。

· 向新的边界敞开胸怀——思想无限。

·谦虚——意识到别人有最好的想法。

无论你扮演什么角色，你需要成功地为团队带来创新，不是通过流程，而是通过创造一种有利于创新的文化，在这种文化中，思想本身永远不会受到惩罚。

● 挑战

与创意相对应的是风险，组织准备在新的和未经尝试的方面下多大的赌注。在某种程度上，这是关于投资组合管理。无论你是在经营整个企业，还是仅仅是为某一特定产品做广告宣传，你都要对准备分配给"风险"的资源的比例进行审慎的评估。这里的实质是对创新失败的代价及其总体影响的估计。

对创新和产品开发来说，最大的挑战就是失败，或者说是对失败的恐惧。作为领导者，你必须反复强调：

·失败是正常的；

·失败是进步的一部分；

·失败是学习的关键；

·如果你没有失败，说明你冒的风险还不够；

·最糟糕的失败不是从失败中吸取教训。这样，你会把创新文化与支持冒险的精神混为一谈。

● **成功**

在创新和冒险的文化中，领导者必须用一套明确的七项原则来处理产品开发。

·客户期望——许多客户的期望是以更低的成本换取更多的新产品或增强产品。产品开发中的挑战不是假设价格总是在下降，而是专注于交付价值，需要制定一个正确的价格，而不是最低的价格。产品开发通常通过市场调查和详细的客户反馈获取信息，但创新的一个关键要素是生产出客户从未想象过的产品，并且敢于这样做。

·变化的速度——随着全球化和技术创新推动竞争的加剧，所有客户，包括消费者和企业，都变得越来越苛刻。任何产品开发方法都不能被看作是连续的，即不可能一个新的产品或服务遵循另一个。目前的"新"创新甚至还未推出，组织已经在计划下一个产品的创新了！

·市场的速度——因此，开发过程必须大规模加速。构思和执行产品或服务创新之间的时间在不断缩短。这对计划流程、员工需求、供应商战略和关系以及物流提出了新的要求。创新是一个在根本上令人不舒服的、快速的和颠簸的旅程！

·技术——技术不是一切，而是创新的必要前提。它不仅应该被视为新产品或服务的一部分，而且应该被看作是流程、物流和供应变化的关键驱动力，这些变化可以降低成本，缩短开发时间。

·理解核心能力——要灵活敏捷，对能力有一个清晰的洞察力，同时知道组织的优势以及需要外包的方面。但随着时间的推移，这种情况将发生变化，原因不在于传统的观点认为外包能够降低成本和提高效率，而在于人们认识到，内部采购的决策如何让企业增值。

·全球技能外包——最好的创新摒弃了认为本土创意和资源是最好的想法。全球化使知识和技能多元化和分散化。寻找创新发展要素以及寻找产品供应链最佳供应商的战略应该基于技能，而不是基于其所处的位置。

·售后服务的整合——成功的产品开发，在销售还未达成的时候，便已经开始关注客户体验。与客户的售后互动是"全盘考虑"开发过程的一部分，从开发周期的开始，销售和服务就有着不可分割的联系。

成功领导创新产品开发，实质上是一种态度问题。

领导者衡量成功的标准

与创新相关的支出百分比增加。

在过去两年中由产品产生的收入百分比增加。

有新产品推向市场前的准备时间。

● 易犯的错误

成功的产品开发也可能遇到问题，如果你：

·只听客户的意见——有时候客户并没有最好的想法，你必须引导一场客户从未想象过的创新（例如 iPod）；成功的领导者应避免成为客户调查的奴隶。

·习惯拒绝新想法——你应该鼓励创造性的思维，永远不要让别人看到你在为"我们做事的方式"辩护。

·责怪失败——因为失败是创新的必要代价，有时"尝试一下"的失败和成功一样值得庆贺。

·把创新看作一种职能——好的想法，尤其是那些挑战现状的想法，不是任何人的专属，领导者必须鼓励创新，把它作为一种人人共享的文化。

·官僚机构中的创新——过度分析新想法，它作为限制风险的一种手段，诱惑力非常大，但有时（在整个风险组合中）试验和反复试验是检验想法的最佳方式。

也许最大的挑战是领导者自己。他们年纪越大，责任越重，无论是在职业上还是个人发展上，他们会觉得自己注定失去的东西越多。晋升和职业抱负可能成为创新的敌人。对此，唯一的回应是将创新视为成功的标志，而不是障碍。

● 领导者的检查清单

·请记住，数字产品开发本质上取决于创造一种创新文化。

·引领数字创新文化，让创意得到尊重和推崇。

·认识到成功的数字化创新，需要对供应链管理和客户参与的各个方面采取新的方法。

· 用言行鼓励反主流文化，打破传统的思想。

· 意识到必须在投资组合方法中承担和管理风险。

· 不要害怕失败，用言行证明失败是创新可接受的代价。

· 诚实地认识到，数字产品开发需要对不断变化的客户需求做出更快的响应，需要更快的开发周期。

数字技能革命

数字时代要求技能以工业革命以来从未见过的规模进行改变。

频率：不断地

主要参与者：所有同事

领导力等级：☆ ☆ ☆

● 目标

数字技术正迎来一波创新浪潮，新型公司和商业模式正在以 18 世纪以来前所未有的规模进行创新和改革。其中大部分集中在支持互联网商务和工业设计的核心技术上。这反过来又要求组织在招聘、培训和留住员工方面重新思考技能。

因此，组织的领导者必须解决一套核心的关键问题，推动他们的技能议程：

· 我的核心新商业模式是什么？

· 这需要什么样的员工？

· 我如何识别他们？

· 他们在哪里工作？在什么样的场所工作？

· 什么能激励和留住他们？

·为了迎合这些新同事，我需要改变在我的组织中工作的方式吗？

作为一个领导者，你必须抛弃对所需要的同事类型的假设：这是一个最伟大的、创造性思维的领域。

● 环境

科技创新浪潮正席卷各行各业，引发了很多企业在面对新竞争对手时出现的一些根本性的问题：

·如何利用技术来转变现有的商业模式（例如，乐购使用所谓的"黑暗商店"）？

·技术如何用来产生新的商业模式和新的收入流（例如Groupon）？

·技术如何用于完善消费者的选择（例如，在汽车工业中定制颜色和室内装饰选择）？

·如何为一个转换创建技术以供另一个转换使用（例如，亚马逊利用其计算机能力提供云存储服务）？

·技术如何创造新型客户—供应商关系（例如众包和在线拍卖）？

·技术如何跨越国界将专业知识结合在一起（例如在印度向美国学生提供的在线辅导服务）？

这些只是非常多的例子中的几个。但它们都指向一个方向：改变正在以巨大的规模发生，而每一个这样改变的例子都要求从根本上掌握新技能。

● 挑战

在这场巨大的变革和随之而来的技能革命中，领导者将面临的主要挑战是文化挑战。但如果你在为一个新企业或初创企业工作，那么这个挑战难度会降低，因为你会发现你很容易招聘到符合你心意的同事。但如果你为一个成熟的企业，那么你将面临管理现有业务的挑战，同时也面临新的挑战。简而言之，你需要同时做到：

· 保留关键的现有员工；

· 对现有员工进行再培训；

· 引入掌握不同技能的新同事。

这需要一种极其微妙的平衡，而且必然会带来比现状更高的风险回报。

● 成功

成功领导数字化技能转型有许多方面，包括：

· 确定新业务模式的战略计划；

· 并行的人力资源规划，确定人员在地理和商业模式转变后对人的影响；

· 能够管理技能变革议程的人员结构；

·为招聘和人事管理提供 21 世纪技术支持的人事系统；

·明确分析与新型技能和员工相关的奖励问题；

·从新的竞争者或新的机构／猎头新的人才库中招聘；

·认识到正在发生的差异，修正奖励制度；

·工作场所文化、工作方式以及物理环境，反映了新同事群体的价值观；

·一个与商业战略中提出的数字愿望相匹配的工作技术环境。

所有这些都表明，技能革命是自上而下的变革！

领导者衡量成功的标准

有从目标组织招聘的同事比例。

有一定年龄以下的同事比例。

员工调查的具体反馈。

● 易犯的错误

在这方面，我的担忧有两点。

第一个问题涉及变化的规模。组织完全有可能低估他们所面临的技能革命的规模，因此组织可能会准备不足。这意味着他们既缺乏资深员工，也缺乏相应的系统来应对。这种低估将导致变革进展缓慢，现有技能无法满足战略要求。

第二个与文化有关。引入掌握新技能的新同事，特别是大规模地引入，可能会因为没有考虑到现有同事的文化影响以及环境是否支持新同事而受到损害。组织拒绝新同事，是一个真正的风险，一个致命的缺陷。

● **领导者的检查清单**

·请注意，鉴于当前创新的巨大规模，技能需要迅速改变。

·记住要实现现有和新商业模式以及所需的技能之间的平衡。

·对技能有战略观点，并确保它作为一个战略规划的核心。

·确保战略和新技能所反映的价值观与实际工作场所的运作情况相匹配。

对内建设自己，提高对他人的适配度

27岁时，我有幸获得了一个公司赞助的全日制MBA学位。当时，我的老板认为这完全是在浪费时间，很可能花了一年的时间来讨论"管理演讲"，几乎没有什么实际的好处。他的观点是，良好的管理（我不认为他会将这与领导力区分开来）是与生俱来的，而且在本质上，你应该按照此"坚持下去"。

他是我见过的最聪明的天生的领导者，确实，他一直在坚持，但是我们很少见到有天生领导才能的人，他是多么不寻常的一个例子。

伟大的领导者天生具有领导才能，他们在某种程度上属于一个对任何有抱负者都不开放的独特群体，我不同意这样的观点。是的，确实，对一些人来说，我在这本书中描述的那种领导能力的确是自然而然的，他们拥有从同事身上获得最大利益所需的本能。但这些领导人少之又少，他们是幸运的。对于我们其他人来说，领导力是一个经验和信心的问题。当我们学会了什么可行什么不可行时，当我们被磨炼成领导团队中非常具有挑战性的角色时，我们的敏捷性就会提高。

提高领导力不仅仅是时间问题。它还与一些具体的战略有关，这些战略既反映了一般领导技能的重要性，也反映了所在行业领导企业所需的具体知识，这两者是相辅相成的。领导力技能是可以转移的，但是当它们与工作世界的洞察力联系在一起时，它们会更加可信和有效。

作为一个领导者，你需要确保你能创造一种学习的文化。这种文化表明，作为一个个体，你总是乐于学习，并创造一个尊重同事知识、支持和培养他们学习和成长的环境。

知识溢价

知识越来越成为一个组织的关键，在某些情况下，也是唯一的显著差异。领导者的职责是庆祝和捍卫知识的获取和分享。

频率：不断加速

主要参与者：全体员工

领导力等级：☆ ☆ ☆ ☆

● 目标

作为领导者，我们在一个日益商品化的商业世界中工作。日益复杂的低成本制造地点的出现（尤其是在亚洲），意味着许多商品可以在全球范围内以具有竞争力的成本采购。同样，大批受过良好教育但报酬较低的专业人员的出现，也推动了印度低成本服务中心的发展，例如印度的呼叫中心，财务和法律后台服务。随着新的低成本中心开始取代现有中心，这一进程将继续下去。这些转变的发生，以致所有组织都必须明确它们在哪些方面贡献了附加值，在许多情况下，这可以被定义为知识：

·高度专业化的非商品化工艺，特别是在工程领域——例如飞机和高速列车制造。

·高度专业化的信息和数据丰富的服务流程。

·技术的发展，以及如何在产品／服务创造和客户互动的各个方面全面改变业务。

·客户和他们的行为——例如移动世界。

·客户环境和文化——例如汇丰银行是"世界本地银行"。

·在这样一个快速变化和国际化的环境中精明地经营企业。

这听起来可能与管理团队和企业的日常工作格格不入，但事实并非如此。我之所以称知识为"溢价"，正是因为它能使你超越竞争对手而获得成功。

作为领导者，你的目标是确保团队知道知识是关键。他们需要知道自己需要知道什么。

● 环境

知识是管理变革的关键因素。领导者需要意识到自己必须学习，并且学习的速度要越来越快，这清楚地表明了变化的要求、速度和复杂性。变化将以各种各样的方式表现出来，有些是可预测的，但许多是不可预测的，例如：

·计算过程的加速能力；

·在所谓的新兴市场中迅速出现新的工业能力；

·新兴市场中产阶级的巨大增长，尤其是在印度和中国；

·复杂数据在移动的可用性大幅增长；

·关于客户的大数据越来越多；

·传统计算、电信和媒体世界的融合，使新的市场进入者能够带来范式的变化。

这只是六个关键的转变，其中任何一个都可以从根本上改变业务的竞争格局。为了能够满足这种变化的规模，你需要认识到它是一场新的工业革命。

● **挑战**

变化的另一面是时间的挑战。你现在面临的最重大的商业挑战，不是简单地认识到正在发生的许多重大转变的性质，而是要认识到变化的规模和速度。这就要求你在行业、市场和组织中挑战一些核心和制度化的假设。

·谁是你的竞争对手？多久反思一次这个问题？

·谁是你的顾客？对潜在客户了解多少？多久调查一次？

·如何衡量客户对你的看法？

·需要多长时间才能将新产品或服务推向市场？

·投资模型是否充分反映了产品和服务生命周期的当前预测？

·多久改变组织结构来满足商业环境的需求？

这是艰难的，但领导者必须发挥他们的作用，创造和维持一种文化，永远不会满足于现状，对它所面临的变化和它自身所需要做出的变化感到不安，并且不断挑战现状。

知识是实现这一目标的驱动力，在理解业务环境和应对能力方面坚持不懈的提升技能，并将最高水平的价值放在团队个人和集体所拥有的知识中。

● **成功**

如今，一些组织有了首席知识官。但对于特定组织、业务部门或团队来说，这是你应该承担的职责，坚持不懈追求知识，始终以谦虚的态度作为基础，承认团队在专业领域比自己知道得更多。要对知识进行充分的存储，表明它的重要性，我们需要注意以下几个方面：

· 领导力——你谈论知识及其重要性。

· 一种学习文化——在所有业务领域，公开鼓励团队成员从经验中学习，永远不要接受现状的"正确"。

· 分享学习——许多业务单位或多部门的组织都有类似的运营职能，其中的人在不断地学习。鼓励员工与他们建立关系，充分利用这些老师。

· 引入学习——鼓励员工向他们的供应商敞开心扉，了解学习的必要性，并创建可以分享经验的论坛，以便学习网络扩展到你的直接雇主之外。

· 与学习相关的个人发展——确保企业作为一个整体以及其中的个人，确定（至少每年一次）每个团队成员需要学习的关键领域。

然后通过个人发展和培训计划来支持它。

·庆祝成功和承认失败——在组织内部,公开宣布成功,也公开表明失败,以此避免谈论两者时候的尴尬,学会平等地从两者中学习。

·打破界限——在与员工的个人互动中,当他们在学习新技能和尝试新想法犹豫不决的时候,试着推动他们。有时候,人们需要一种动力来跟随他们的直觉,并需要感受到自己是有人支持的,以勇敢去行动。

·谦卑和尊重——最重要的是,知识需要谦卑和尊重才能蓬勃发展。当你知道自己没有很多问题的答案时,要谦虚,承认其他人的答案,以获得尊重。

创造一种知识文化是困难的——它要求我们在未知的未来中不断地拒绝现实,因此,它既令人兴奋,也令人不安。

领导者衡量成功的标准

可以缩短产品的交付时间。

增加了投资回报率。

了解你的市场份额是什么,说到底,这是学会生存和发展的最好方法。

● 易犯的错误

一个组织面临的最糟糕的境地莫过于知识的匮乏。即严重缺乏在所选的市场上发展需要的洞察力。这可能是因为：

·忽视学习——没有对学习保持开发和接纳的态度。

·将学习等同于风险——当"新的"（即"已学的"）知识由于其"新"而被视为风险时，就会发生这种情况，学习的需要就会和关于学习的决策混淆，因此而暂停学习。

·学习是条块分割的——学习发生了，但它呈"竖井"形式，并因为各部分孤立而贬值或丢失。

·学习是缓慢的——学习确实会发生，但就它所涉及的市场节奏而言，它实在太慢了，因此它的影响（相对）仍然是消极的。

·不尊重学习的行为——组织不预示学习的力量，因此贬值其相关性和价值。

所有这些风险创造了一个"不学习"的组织，实际上随着时间的推移，它对市场的了解越来越少，失去了市场份额，最终失去存在的意义。

● 领导者的检查清单

·把自己想象成首席知识官。

·要注意的是，许多企业了解的关于世界和市场的信息早已过时。

·因此，要进一步意识到，你需要知道的大部分东西目前都是未知的。

·记住，知识不分等级——你需要你所有的团队成员成为各自领域的专家。

·永远不要忘记知识是没有边界的——知识是用来获取的，尤其要从新的竞争者身上获取。

·对你不知道的事情表现出谦卑，并尊重别人做的事情。

放松日

"放松日"指的是你带同事去办公室以外的地方，进行非正式的沟通和反思的时间，通常不超过一两天。

频率：根据定义，没有规则

主要参与者：仅限直接下属

领导力等级：☆☆☆

● 目标

我们大多数人都会在工作场所工作。即使我们的工作结构越来越灵活，虽然鼓励在家办公，但办公基地仍然是我们与同事共同的联系点，它从基本上定义了我们的关系。它是我们最常见面的地方，有正式和非正式的行为规则，并确定基调，它本身受到许多因素（位置、结构、布局、餐饮、娱乐设施等）的影响。

工作地点必然是人为的——它们把那些本来不会见面或产生社交的人聚集在一起。它们也必然是事务性的——我们倾向于专注完成工作并就工作进行对话。关于外在（真实）的生活，任何寒暄不可避免地都是破碎的和片面的。

工作地点因此限制了我们。它限制了我们了解同事及其行动原因的机会，限制了我们分享所拥有的知识和经验，这些知识和经验可能不是共同工作的交易性质所得到的。

偶尔的"放松日"——把你的团队带出办公室环境，进入一个不那么有条理、不那么正式、更适合社交的环境，这可以帮助打破工作场所设置的障碍。

放松日的目的不是创造一个虚假的友好，而是通过更深层次的人际关系来培养团队精神。

● 环境

如果你承认工作场所是人为的，会制造障碍，你就需要了解它们也会带来更大的风险——功能失调。我们可能都看到过同事之间相处不好的情况：管理好他们之间的联系，最好的办法是外交，最坏的办法是回避矛盾点。这种紧张关系的产生可能有许多原因，包括：

· 怨恨他人的角色或晋升；

· 雄心受挫；

· 个人技能被忽视或低估的感觉；

· 对问题的误解；

· 角色不清晰；

· 人际交往能力差——缺乏反馈的话更糟糕。

这是商业生活的一部分。放松日可以帮助提供一个更加社会化

的环境，消除一些影响工作的障碍（有更多的时间来谈论个人生活），
甚至可以解决冲突的根源。

● 挑战

想要打造成功的放松日，最大的挑战是那些持怀疑态度的人。
他们不相信管理层的诡辩，他们认为管理者将员工放在了一个更加
人为的环境中，创造出基本上是虚假的善意。这种怀疑将直接或间
接地表明，放松日是：

· 浪费时间（和金钱）；

· 充其量只是回避日常事务性任务的干扰；

· 最糟糕的是，它试图创造一种虚幻的、"官腔"的团队意识。

我必须非常坦率地说，确实，放松日是管理层上的合谋，但在
这种情况下，领导和员工、团队之间的良好合谋是明智的。对怀疑
态度，我们倡导的反应是：

· 坚持——面对怀疑，持续不断地执行放松日计划。

· 解释——解释为什么要进行放松日活动，避免尴尬。

· 以身作则——说服同事们不要忘记放松日的价值。

总会有人怀疑放松日的价值。作为领导者，你必须面对他们，
让他们知道他们是错的。

● 成功

放松日的成功，本质上取决于团队知道它在你认真对待的框架内，并在仔细规划和非结构化、非正式性之间实现微妙的平衡。

·清晰的目标——作为领导者，你清楚地让团队意识到他们定期会有放松日。

·频率——计划至少每年一次，最好是每六个月一次，这样他们就会被视为一个过程的一部分，而不是一次性的活动。

·地点——选择远离办公室的地方，在一个有利于建设性思维的环境中。例如，商业学校会比酒店会议室更好。

·时间——至少一天半的时间，这样你就不会感觉匆匆忙忙。时间不足以及流程紧张，都会给放松日的目标带来压力。

·议程和目标——提前设定一个议程，确定放松日的目标，但是要根据对话的结果来调整议程和改变内容。

·引导——考虑一下放松日会议是否会从局外人的引导中受益。一般情况下，局外人员会破坏团队的动态，但你需要判断这是否是你想要的结果，你是否认为团队功能失常，或过于自满。

·不允许被打扰——要求关闭电话，关闭笔记本电脑，重新安排任何其他计划好的会议（包括电话会议）。

·三餐——确保至少有一个计划好的团队晚餐，这是打破障碍的好方法（特别是要仔细安排好座位）。

·局外人——谨慎觉得是否需要有局外人（例如非直接下属）

作为特定会议的客座发言人。

·结果——确保注意到商定的结果，采取行动并进行审查。

尽管放松日组织起来很容易，但要管理它，则需要极其熟练地操作。它不能像管理日历中的其他会议那般管理。它也不是为了让员工享受比平时更奢华的环境而专门设计的。它的存在是有目的的——你必须抓住放松日提供的机会！

领导者衡量成功的标准

计划有放松日。

多久进行一次放松日？在哪里进行？

员工团队相信放松日有助于解决问题。

● 易犯的错误

领导者可能犯的最大的错误是，为了组织放松日而组织，并没有认真对待它的本质。换句话说，你让放松日成为普通的会议或一场"欢乐聚会"（真正的"欢乐聚会"与"放松日"的概念完全不一样）。

如果你不打算坚持，那索性不要开始放松日。开始便是结束，会贬低放松日的重要性，使其成为一个只是流行一时的概念。你只不过跟随了一阵潮流，而后又恢复到传统类型的领导者。

同样，放松日确实有我所说的潜在意义，但它们可能也会对你的团队的方向、运作方式及其组成提出重大挑战。一次放松日可能会迫使你或团队更公开地面对问题，但它不一定能解决这些问题。后续行动是至关重要的，没有后续行动可能比一开始就没有正视问题更让人虚弱和更具破坏性。

● **领导者的检查清单**

·从担任领导者一开始便讨论放松日。普及放松日的概念，并表明你的承诺。

·如果你举办放松日，请确保它们是常规的，并且被看作是团队流程的一部分。

·给放松日起一个名字——这是属于放松日的生活，专属名字有助于突出它的重要性和差异性。

·将放松日的成本视为对团队的最小且合理的投资，并可能提供比常规管理开发更高的回报。

·不要低估了场地对放松日的重要性。它在为活动做铺垫方面起着至关重要的作用。

·一定要让员工团队参与组织和计划放松日。他们一定会支持放松日，并且会很感激有机会来组织他们认为非常有价值的活动。

寻求反馈

我们所有人都从工作中的反馈中受益。一个明智的策略是鼓励反馈，而不是等待反馈。

频率：周期性

主要参与者：同事和同行

领导力等级：☆☆☆

● 目标

鉴于我们白天投入了这么多时间和精力在工作上，极少人会想要把工作做得一塌糊涂，这是不正常的。同样，坦白地说，我们也想知道自己的工作干得如何：在哪些领域有优势？哪些领域可以改进？但出于尴尬或恐惧，我们可能不愿意面对反馈，并且通过需要建立相应的系统才能保障反馈的进行。

作为一名领导者，你应该积极地鼓励和欢迎反馈机制，将其作为提高自身绩效的有力工具。你应该明白，反馈不仅仅是年度或半年度的绩效评估，也不仅仅是你的直线经理在层级结构中对你的看法。最后，你应该意识到，一个彻底的和持续的反馈方法绝对能够完善自己，而不是毁掉自己。

你要面临的挑战是，接受反馈，增强反馈，而不是消除反馈。反馈是一种支持，而不是对你个人的威胁。

● 环境

任何反馈结构或过程都应该被看作是人寻求发展的一部分（你是其中的一部分）。它基于五项人力资源原则：

·核心竞争力——清楚组织需要什么样的能力来实现其战略目标。这些能力将与可外包的能力区分开来，并作为年度战略规划流程的一部分加以考核。

·组织结构——组织结构化，使你的能力与市场需求协调一致。

·招聘和挽留——如何任命和留住所需人才，以维持核心竞争力人才库。这是通过不断关注市场工资和福利标准，并通过发展机会规划来实现的。

·人才管理——一个组织确保人才库满足组织需求的结构化过程，规划发展机会，并确定技能缺口。

·职业发展——为每个人制定发展规划，确保他们在挑战中充分发挥潜能。

从一系列来源获取反馈（正如我下面所描述的），是确保合适的人在合适的工作中，尽其所能表现最好的一面的方法之一。

● 挑战

其实，从建设性的反馈中获得最好结果，最大障碍是你自己。以下是有可能出现的障碍：

·恐惧——不想听到别人对你的看法。

·怀疑主义——接受应该有反馈的机制时，你并非真的相信它会导致你或他人的行为表现有任何可察觉的变化。

·傲慢——你不相信你可以从反馈中受益。

·视野狭窄——你没有意识到你可以从多么广泛的范围内寻求反馈。

·时间——在优先事项列表中，你将反馈排在后面，你总是有比反馈更重要的事情要做。

最重要的是，你需要谦虚地认识到你总是可以改进的，而其他人总是可以提供实现改进的见解。你还需要真正优秀的人力资源专业人士的支持，他们可以通过承诺和流程帮助你。

● 成功

实现一个成功的"反馈循环"，接收反馈并对其采取行动，可以基于以下三个来源：

1.正常的公司反馈流程：

·和老板定期进行 121 秒——询问老板对工作的看法，并指出你可以改进的地方。

　·定期与直接下属进行 121 秒——鼓励他们反馈，你可以通过多做自己擅长的事情，少做不擅长的事情，来提高他们的表现。

　·年度绩效评估——尽管这些评估往往比它们的价值重要得多，但评估应该为参与者提供一个机会，让他们退后一步，从中长期的角度来看待绩效。

　2. 合作伙伴——别忘记，你会与雇主组织之外的很多人互动，你的绩效和效率也由雇主以外的许多人判断。这些人可能包括客户、供应商、商业伙伴（包括合资公司）、财务顾问、行业协会等。为什么不趁这个机会问问他们的想法呢？

　3.360 度流程——"360 度反馈"正变得越来越流行，并且受到专业人士的青睐。

领导者衡量成功的标准

会定期收到来自直线经理的反馈。

参与 360 度流程。

向组织外部的合作伙伴征求反馈意见。

● 易犯的错误

最后，只有当反馈本身是适当的和有针对性的，并且得到有效执行时，才能在一个建设性的良性循环中发挥作用，带来改进。

　·不合时宜的反馈——如果团队成员没有做好准备，就让他们提供关于你和你的表现的反馈是不明智的，它可能造成的尴尬和困难将超过任何反馈的好处。只有当你的团队关系发展到可以提供反馈，而不损害他们作为直线经理与你的关系时，寻求建议和反馈才是明智的。

·忽略反馈——如果你什么都不做的话，那么寻求反馈显然是没有意义的！这只会加强你对批评充耳不闻、不愿意改变的感觉，在这种情况下，最好不要征求反馈。

这里的寓意是，反馈是非常个人化的，不仅是对你，也是对给予反馈的同事。选择去寻找它是一个重要的、积极的步骤，但是你必须仔细地选择反馈的时间，并且去执行它。

● 领导者的检查清单

·首先，要认识到反馈在管理、发展和改善你的业绩方面起着至关重要的作用。

·如果你对收到的反馈感到不舒服，学会和你的团队中的某个人，或者某个更独立的人交谈，获得非正式的反馈。

·试着利用这个机会和你的团队成员一起找出你可以学习和发展的方法，但是要敏感地处理这个问题，他们可能会因为批评你而感到害怕！

·鼓励使用 360 度流程，不仅是为了你自己，也是为了你的团队成员，这将有助于打破反馈障碍。